JN329372

監修者――五味文彦／佐藤信／高埜利彦／宮地正人／吉田伸之

［カバー表写真］
村境の鍾馗《しょうき》様《さま》
（新潟県阿賀町大牧）

［カバー裏写真］
村境のハリキリ
（新潟県佐渡市橘）

［扉写真］
髯籠
（和歌山県紀の川市粉河）

日本史リブレット 94

日本民俗学の開拓者たち

Fukuta Azio
福田アジオ

目次

①――野の学問、民俗学

日本でつくられた学問

日本の人文科学・社会科学は、国文学や歴史学のように特定の学問を除けば、ほとんどすべて明治初年に欧米から輸入された。御雇《おやとい》外国人教師によって教えられ、また欧米に留学して学んで帰って、大学に定着させた。そのスタイルは明治初年で終ったのではなく、その後も長く続いた。欧米の理論をできるだけ早く入手し、理解して、それを適用することが社会科学・人文科学の研究スタイルであった。それに対して、日本で形成・発展した学問研究は少ない。その少ない学問の一つが民俗学である。日本から輸出できる唯一の学問が民俗学であると評されるように、独自の展開を示したのが民俗学である。

日本の民俗学は、御雇外国人も留学体験もなく、日本で開拓された。しかも久しくアカデミックな研究体制の外におかれてきた。民俗学研究を開拓し、推進した研究者は、誰一人として大学で民俗学を学んだ者はいなかった。大学で民俗学を学び、研究の道へはいるようになるのは一九六〇年代以降のことである。それまでの民俗学研究者は、個人的な体験をとおして民俗に興味をいだき、研究を展開してきた。そこには個性的な人びとがいた。

民俗学の形成

日本の民俗学も、その形成の前提として欧米の民俗学が存在する。欧米の民俗学から学んだ点も少なくないし、影響を受けている点もある。しかし、学問形成過程は制度的に保障されたものではなく、個人的関心から出発し、個人の努力と工夫によって進んできた。いわば日本のなかで内在的に形成・発展してきた学問である。その出発は近世にあった。近世の知識人、とくに国学《こくがく》を学ぶ文人たちが、民俗に興味をいだき、見聞きしたことを記録するようになった。民俗をどのように理解し、位置づけるかについては、本居宣長《もとおりのりなが》が、地方の言葉や行為には古いあり方が示されていると、その価値を発見し、調査をして記録することの期待を表明した。それに対して、実際に民俗を把握し、記録作成に向かった人びともいる。旅のなかで、いく先々の生活にふれ、民俗を発見した菅江真澄《すがえますみ》、居住する地域の生活を観察し、記録した鈴木牧之《すずきぼくし》▲、あるいは日本全

▼**鈴木牧之**　一七七〇〜一八四二年。越後《えちご》塩沢《しおざわ》の縮布《ちぢみ》問屋の主人で、地方文人としても活躍し、江戸《えど》の山東京伝《さんとうきょうでん》・滝沢馬琴《たきざわばきん》・十返舎一九《じっぺんしゃいっく》などと交遊し、多くの著作を著わした。信越《しんえつ》国境の秋山郷《あきやまごう》を訪れ聞書きを試みて記録した『秋《あき》山記行《やまきこう》』、塩沢を中心とした雪国の生活を詳細に描いて記録した『北越雪譜《ほくえつせっぷ》』などは、近世文人の民俗への関心をよく示している。

▼**屋代弘賢**　一七五八〜一八四一年。御家人《ごけにん》の家に生まれ、幕府《ばくふ》の役人としてつとめた。『寛政重《かんせいちょう》修諸家譜《しゅうしょかふ》』の編纂に従事し、あら

体に調査用紙を配って系統的に年中行事を中心とした民俗を収集しようとした屋代弘賢《やしろひろかた》▲などがいる。

　これらの近世における文人たちの民俗への興味関心が民俗学成立の前提にあった。それを一定の学問に仕立て上げていったのは、明治以降の研究者であった。近世の文人に接続するような関心を示した山中共古《やまなかきょうこ》はその一人である。また欧米から輸入された人類学の一部として形成された土俗《どぞく》調査・土俗学は土俗会という座談会によって日本各地の民俗を集めたが、このアイデアを推進したのは、大学教育を受けることのなかった鳥居《とりい》龍蔵《りゅうぞう》であった。彼は進化主義に基づいて現在各地で行われている民俗を理解し、歴史過程を再構成しようとした。明治年間（一八六八〜一九一二）には、近世以来の文人的な民俗への関心と土俗学としての民俗への関心の二つの流れがあった。それが一つに統合されるようになるのは明治末の柳田国男《やなぎたくにお》の登場によってであった。

　柳田国男の民俗学に統合されることなく独自の見方・考え方を守った人物に南方熊楠《みなかたくまぐす》▲がいる。熊楠は民俗学という狭い世界に閉じ込めるべき人物ではない。古今東西の事物を知識のなかにいれ、日本の民俗事象についても縦横に論じた。

たに開始された『古今要覧《ここんようらん》』の編纂にあたった。その参考のためと推測されるが、日本各地の民俗を把握しようとして『諸国風俗問状《しょこくふうぞくといじょう》』というアンケート調査を行った。年中行事を中心とした一三〇余りの質問事項を印刷して、諸藩《しょはん》に回答を依頼したが、その回収率などは不明である。現在は、作成された問状答の控えや写しが各地で発見されている。

▼南方熊楠　一八六七〜一九四一年。博物学者・民俗学者。和歌山市の商人の家に生まれ、二〇歳で渡米し、アメリカ各地で暮し、のちイギリスに渡り、大英博物館で調査を行い、研究を重ねた。一九〇〇（明治三十三）年に帰国し、和歌山県田辺《たなべ》町（現田辺市）に居住して、生涯そこですごした。古今東西の文献に記された事象を動員して幅広い独創的な研究を行い、一国を超えた世界的な民俗研究を展開した。

引用する文献は日本だけでなく、中国の古典、さらには欧米の文献まで幅広く、その解釈も日本で完結することはなかった。幅広い視野から柳田国男の研究姿勢に対しても批判的にみていた。

柳田国男と折口信夫

柳田国男は、さまざまな民俗研究を吸収し、独自の学問にした。それは日本のおかれたその段階の危機的情況に対する解決策を獲得するための学問として形成された。欧米の民俗学からも学びつつ、独創的な民俗学を作り上げた。欧米の民俗学は昔話・民謡・噂話など「語りの民俗学」である。それに対して、柳田国男が確立した民俗学は、行事・儀礼・組織・制度を問題にする「行為の民俗学」である。人びとの行っていることを手掛りに、人びとの歴史を認識する学問として民俗学は確定した。とくに、世界恐慌《きょうこう》に直面した一九三〇年代の日本の危機的状況に対して「何故に農民は貧なりや」を最大の課題にして柳田国男は貢献しようとした。のちに柳田国男論者が「経世済民《けいせいさいみん》▲」と評したように、実践的な使命感は強烈であった。このことは第二次世界大戦後にも衰えなかった。

▼**経世済民**　経世は社会をおさめること、済民は民を救うことであり、「世のため人のため」とほぼ同じ意味である。経世も済民も儒《じゅ》学《がく》の用語であるが、古くは四字熟語のように使用されることはあまりなかった。近世の日本において「経世済民」という用語となり、盛んに用いられ、縮めて経済という言葉も生み出された。柳田国男はみずから「経世済民」という表現はしなかったが、柳田国男論の研究者が採用して柳田国男の学問性格を表現する語とした。

郷土研究
第壹巻第壹號
本號要目
郷土研究の本領
巫女考
山人外傳資料
今昔物語の研究
蝦夷の内地在住
牛の神話傳說
宅地の經濟上の意義
地方誌未刊書目
資料及報告十數件
問答及彙報
東京 郷土研究社發行

『郷土研究』

民間傳承

『民間伝承』

最晩年の著書『海上の道』にもその思いはみなぎっていた。

柳田国男のもとに集まる人びとは多彩であったが、そのなかでもっとも重要な役割を果たしたのは折口信夫《おりくちしのぶ》であった。折口はまったく面識のないときに、柳田の発行する雑誌『郷土研究』に投稿して、研究の世界に登場した。投稿原稿を受け取った柳田は、その内容の鋭く優れていることに驚嘆し、対抗心を燃やすほどであった。そして、折口は柳田に対して門弟としての礼をとり、以降、柳田の第一の門弟という位置にいたが、研究の内容や方法においては柳田とは大きく異なった。マレビトという独創的な概念を提示したことによく示されている。

組織者としての柳田国男

柳田国男は、自宅を研究の場として、多くの若い人びとを招き、指導を行った。とくに、一九三三(昭和八)年秋、柳田国男の書斎を会場にして「民間伝承論」の講義が行われた。民俗学を学びたいと柳田国男のところに出入りしていた若き人びとが、研究者に育つ契機となった三カ月の講義であった。ここに参集した人びとが、一九三四（昭和九）年から日本ではじめての計画的な民俗調査である「山村調査」を実施した。この調査は、若い人びとを日本各地の山間村落に派遣して、原則二〇日間そこに滞在して、あらかじめ作成しておいた『採集手帖』に記入して持ち帰らせるというユニークなものだった。この調査に参加した人びとが民俗学研究者として成長し、民俗学の研究を担うことになった。翌三五（昭和十）年に、全国から関心をいだく人びとを集めて日本民俗学講習会を開催した。その講習会参加者を組織して民間伝承の会が組織され、機関誌『民間伝承』が創刊され、現在の日本民俗学会に連なる組織が確立した。この過程で成長してきた研究者が、大間知篤三《おおまちとくぞう》▲・関敬吾《せきけいご》▲・倉田一郎《くらたいちろう》・大藤時彦《おおとうときひこ》▲などである。そのなかで女性研究者として瀬川清子《せがわきよこ》がいた。柳田国男は女性の民俗学研究者が育つことを期待し、その機会を設けるために女性民俗学研究会を組織したが、自立した研究者まで成長したのは瀬川清子一人のみといっても過言ではないであろう。

　柳田国男も民俗学に関心を有する地方在住の若者を応援したが、それを使命のようにして積極的に応援したのが渋沢敬三《しぶさわけいぞう》▲である。渋沢は、日本各地で生活

▼**大間知篤三**　一九〇〇〜七〇年。富山県出身。家族に関する民俗学研究を推進した。東京帝国大学在学中からマルクス主義運動にはいり、のち転向して柳田国男のもとで民俗学研究を行った。第二次世界大戦中は満洲《まんしゅう》建国大学に赴任し、満洲族の研究を行った。戦後は、とくに隠居《いんきょ》制に注目して、その特質を明らかにした。

▼**関敬吾**　一八九九〜一九九〇年。長崎県出身。日本における昔話研究を切り開き、『日本昔話集成』全六巻（一九五〇〜五八年）、『日本昔話大成』全一二巻（一九七八〜八〇年）を独力で完成させた。また欧米民俗学理論に通じ、日本の民俗学方法論について多くの論考を発表した。

▼**大藤時彦**　一九〇二〜八七年。新潟県出身。柳田国男の門下生となり、民俗学研究を進めた。戦後は民俗学研究所に勤務し、研究所の活動を担った。一九五八（昭和

三十三)年に成城《せいじょう》大学教授となり、民俗学専攻のコースを開設した。

▼渋沢敬三　一八九六〜一九六三年。渋沢栄一《えいいち》の孫。多くの企業を経営する実業家であるが、学生時代から民俗に興味をいだき、研究を行った。一九二五(大正十四)年に赴任先のロンドンから帰国して、自分の私財を投じてアチックミューゼアム(一九四二〈昭和十七〉年に日本常民文化研究所)を設立し、民俗・民具・文書の調査研究を推進した。民具という用語は渋沢がつくりだした。戦後は公《こう》職《しょく》追放《ついほう》、財閥解体《ざいばつかいたい》で引退したが、人文科学・社会科学の発展に尽力した。

▼竹内利美　一九〇九〜二〇〇一。長野県の小学校教員をしていたが、児童たちを指導して地域の生活を詳細に調べ、またみずからも村落社会の調査を行った。アチックミューゼアムの支援を受けて成果を公刊し、その後東京にでて

しつつ、民俗に関心をいだき、調査を進めている人たちを物心両面から応援した。豊かな経済力を背景に、民俗の調査研究に資金を援助し、また出版を支援した。一九二五(大正十四)年以降に本格的に活動を開始したアチックミューゼアムは、多くの優れた調査報告書や研究書を刊行したが、そのなかには地方在住の人たちが記述した少なからずの報告書が含まれている。大阪で小学校の教員をしながら調査を行っていた宮本常一《みやもとつねいち》の著作を刊行したのもアチックミューゼアムであった。宮本は渋沢敬三の支援で、東京にでて、そして日本各地の調査を行った。同様に、竹内利美《たけうちとしみ》▲も長野県で小学校の教員をしながら、子どもたちとともに生活を調べ、郷土誌を編集して、アチックミューゼアムから刊行し、その後東京にでて、アチックミューゼアムにはいり大学にかよい、ついに研究者となった。

　大阪を中心とした関西は、日本における民俗学形成にとって重要な地方であった。早くから民俗へ関心をいだく人びとが登場し、組織をつくり、研究を行った。なかには赤松啓介《あかまつけいすけ》▲のようにマルクス主義民俗学をめざして一生懸命活動した人物もいる。赤松啓介は柳田国男と同じ兵庫県の出身であるが、小学校の

みで、上級の学校にはいかず、さまざまな仕事をしつつ、考古学から民俗学へと研究を展開した。民俗学についてはほとんど自学自習によるものであるが、マルクス主義理論で民俗学を再構築しようとした。

このような多彩な人びとが民俗学の形成・発展につくしてきた。国家の制度によって支援されたり、保障されて学問が形成されたのではなかった。個人の興味関心を基礎に、みずからの意志で調査研究に取り組み、みずからの考えで研究を展開させてきた。一九五八(昭和三十三)年に日本においても大学で民俗学の専門教育が開始された。それ以降アカデミックな民俗学が基本となったが、その前提には野の学問として主体的に取り組んだ先人たちの存在を忘れてはならない。

アチックミューゼアムにはいり、自立した研究者となった。

▼**赤松啓介**　一九〇九〜二〇〇〇年。本名栗山一夫《くりやまかずお》。兵庫県出身。小学校をでたのみで考古学、ついで民俗学の研究を行う。マルクス主義運動に身を投じ、活動をしながら研究も行い、柳田国男の民俗学をプチブル民俗学と厳しく批判し、唯物史観《ゆいぶつしかん》に基づく民俗学の樹立を構想する。晩年には、アカデミック民俗学が取り上げることがほとんどなかった性と差別を正面から論じた。

②―菅江真澄

旅で民俗の発見

　旅が民俗の認識にとって重要な役割を果たしてきた。民俗学は、ごくありふれた日常的な事象に歴史を発見する学問であり、なにも珍奇なものを追い求めるわけではない。自分が暮している生活のなかに研究課題を発見するのが基本である。しかし、実際には当り前のなかに問題を発見することは困難である。不思議にも思わず、疑問もいだかないのが普通であろう。平穏無事に暮している毎日の生活のなかに不思議や疑問を感ずることはほとんどない。しかし、旅にでて、自分の生活とは異なる事物をみると、それを不思議に思い、何故だろうかと考える。私たちが現代でも経験していることである。旅にでて、自分の生活とは異なる世界に身をおき、さまざまなことを発見する。民俗の発見もその一つである。近世の民俗の発見は旅から始まった。旅日記や紀行文にはしばしば民俗の発見が記されている。

　旅に生き、旅を愛した文人は少なくない。近世であれば有名な松尾《まつお》芭蕉《ばしょう》もそうであろう。有名な『奥《おく》の細道《ほそみち》』は旅の世界が生み出した作品である。しかし、芭蕉の文章には土地土地の名所旧跡は登場するが、地域の生活はほとんどうかがうことができない。生活に関心をいだいて旅をしなければやはり文章にでてこないのである。旅に生き、旅のなかで生活をみつめた人物も少なくないが、その代表格は菅江真澄《すがえますみ》である。

菅江真澄の生涯

菅江真澄は現在では非常に有名な人物になっているが、いまだに不明な点が少なくない。まずいつ、どこで生まれたかが確定できないのである。現在、秋田市にある墓碑には「文政《ぶんせい》十二年己丑《きちゅう》七月十九日卒、年七十六七」ときざまれている。墓碑銘でさえ、その年齢を性格に記すことができなかった。文政十二年は西暦一八二九年である。その年に七六歳か七七歳だったというから、生年は逆算して一七五三(宝暦《ほうれき》三)年か五四(同四)年ということになる。近世後期の人物で、なくなったのは秋田市である。しかし、秋田の人ではない。旅の果てに辿り着いたところが秋田であり、そこに住んだが、身寄り一人いない地であ

●——菅江真澄肖像

▼擬古文　古代の文体をまねて後世に書かれた文章。とくに近世の国学者が平安《へいあん》時代の文章にならって書いた文章をいう。

った。

生まれは三河《みかわ》国である。これは真澄がみずから記している。たとえば、「三河国乙見《おつみ》なる、菅江の麻須美《ますみ》」とか「三河の国乙見の里人菅江の真澄」などと記している。もしもこれが事実であれば、乙見は岡崎《おかざき》辺りのことであり、現在の岡崎市となる。しかし、真澄の文章のなかには、故郷をそのように特定できそうもない記述がある。吉田《よしだ》(豊橋市)とか新城《しんしろ》という三河東部の地名もでてくるのである。現時点では一七五〇年代に愛知県の東部の三河地方で生まれたとしておく以外にはない。菅江真澄は故郷での名乗りではなかった。故郷では白井《しらい》英二《えいじ》・白井秀超《しゅうちょう》などを名乗っていた。旅にでてからはもっぱら白井秀雄を用いていた。菅江真澄を名乗るのは秋田に住むようになった一八一〇(文化《ぶんか》七)年ごろからのことである。

身分は武士ではない。裕福な農家の出と推測され、学問を身につけた文人であった。若いときから三河から尾張《おわり》にかけて動き、文人として活動していた。その学問的基礎は国学《こくがく》であった。賀茂真淵《かものまぶち》の門弟である植田義方《うえだよしえ》の門弟であった。したがって、真澄の文章は当時の文体ではなく、擬古文《ぎこぶん》▲というべきものであった。またよく和歌《わか》を詠《うた》っている。また本草学《ほんぞうがく》を学んだようである。そして絵を得意とした。旅にでてからは、日記や紀行文に観察した結果や印象を記すだけでなく、注目すべきものを絵に描いて挿入している。その絵は現在に重要なデータを残してくれた。

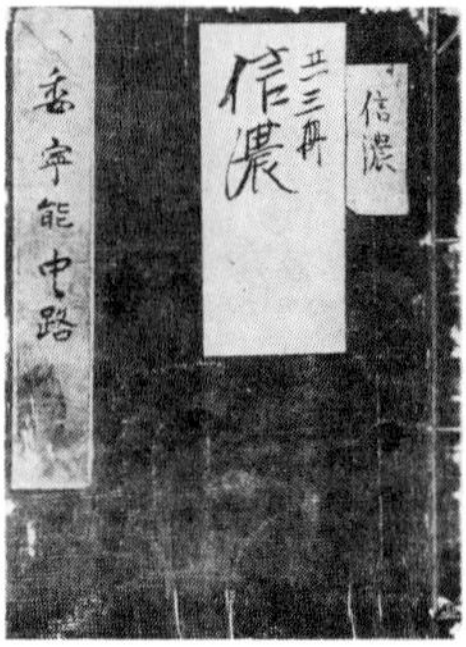

●——菅江真澄『委寧能中路』

菅江真澄の旅と日記

真澄は三〇歳になった一七八三(天明《てんめい》三)年に旅にでた。そして二度と故郷に戻らなかった。この旅のなかでみたこと、聞いたことを日記に記し、紀行文にまとめた。それが「菅江真澄遊覧記」と称される作品群である。その旅程は、故郷三河をでて、天竜川《てんりゅうがわ》にそって北上して、諏訪《すわ》をへて、塩尻《しおじり》に来て、可児永《かにnone》通《みち》という医者の家に一年間滞在した。翌年ふたたび旅にでて、善光寺平《ぜんこうじだいら》にはいり、さらに北へ進んで越後《えちご》にはいって、ついに日本海にでた。そのなかで、紀行文として残されているのは、飯田《いいだ》からである。『委寧能中路《いなのなかみち》』(伊那《いな》の中路)と題する日記が「菅江真澄遊覧記」の始まりであった。飯田から現在の塩尻市洗馬《せば》の本洗馬《もとせば》までの旅日記で、本洗馬滞在中の日記は『すわの海』である。一七八四

（天明四）年六月に本洗馬を出発した。ここからは『久目路《くめじ》の橋《はし》』である。日本海を北上した菅江真澄は、やはり日記を書き残したと思われるが、その断片しか残されていない。現在の山形県鶴岡《つるおか》市鼠ヶ関《ねずがせき》にはいったが、そこからふたたび日記が残っている。『齶田濃刈寝《あきたのかりね》』で、「天明四年甲辰《こうしん》の九月十日、出羽《でわ》の国に入たるより、おなじき、しはす《（師走）》の三十日の夜までかいのせ」と序文に記している。いよいよここから真澄の活躍が始まる。現在の秋田県内の旅の日記は『小《お》野《の》のふるさと』である。そして、一七八五（天明五）年八月に出発した真澄は津《つ》軽《がる》をめざした。『楚堵賀浜風《そとがはまかぜ》』の旅である。津軽から南部《なんぶ》にでた。ついで南下して仙台に向かった。『かすむこまがた』『はしわのわか葉』と題した日記になる。

一七八八（天明八）年夏に蝦夷地《えぞち》をめざして旅を再開した。現在の岩手県奥州市前沢《まえざわ》を出発して、七月に津軽にはいり、『率土《そと》か浜《はま》つたひ』の旅となった。七月十三日に上鳥鉄《かみうてつ》から船に乗り、翌朝松前《まつまえ》に到着して、上陸した。日記は『蝦《えみ》夷喧辞辯《しのさえき》』『えみしのさえき』『ひろめかり』、あるいは一七九二（寛政《かんせい》四）年から始まる『智誌麼濃胆岨《ちしまのいそ》』『ちしまのいそ』である。そして、いよいよ東蝦夷地をめざして松前を旅立つ。一七九二年五月二十三日のことで、『蝦夷廼天布利《えぞのてぶり》』の旅である。一七九二年の秋十月に松前を去って本州に向かった。下北《しもきた》半島に上陸し、半島をめぐる旅を続け、『於久能宇良宇良《おくのうらうら》』『をふちのまき』『奥の手風俗《おくのてぶり》』を著わした。下北から津軽にはいり、一七九五（寛政七）年津軽各地をめぐった。津軽は一七九七（寛政九）年にも滞在している。『都介路廼遠地《つがるのおち》』として残されている。

一八〇一（享和《きょうわ》元）年冬に秋田に向かい、年末に久保田《くぼた》（現在の秋田）に到着した。それ以降、秋田各地をめぐった。『雪能飽田寝《ゆきのあきたね》』『秀酒企《すすき》の温濤《いでゆ》』『温荷奴金風《おがのあさかぜ》』『雄鹿《おが》の春風』『小鹿《おが》の鈴風』『牡鹿《おが》の嶋風』『牡鹿《おが》の寒《さむ》かぜ』など多くの日記を残している。秋田では多くの文人たちと交わり、しだいに真澄の存在は知られるようになった。そして、一八一二（文化九）年には、藩主《はんしゅ》から内々に佐竹《さたけ》領内の地誌編纂を命じられた。真澄は地誌を『花の出羽路』『月の出羽路』『雪の出羽路』という三部作として構想し、一八一三（文化十）年から調査を開始した。そして雄《お》勝《かち》郡について『雪の出羽路雄勝郡』としてまとめた。その後、断続的に調査を進め、『雪の出羽路平鹿《ひらか》郡』『月の出羽路仙北《せんぼく》郡』などを編纂した。

真澄は一八二九（文政十二）年七月十九日に滞在先で死亡した。旅に生き、旅に死んだ一生であった。

民俗への関心

菅江真澄の日記「菅江真澄遊覧記」にはなにが書かれているのであろうか。真澄はなにをみながら旅を続けたのであろうか。真澄は国学を学んだ文人であり、記述には多くの和歌が詠み込まれている。名所旧跡も訪れている。その点では当時の一人の文人の旅であった。ところが、最初の旅日記である『委寧能中《いなのなか》路《みち》』をひもとくと、他の文人では注意もしないような記事がいくつも書き留められている。

　松川《まつかわ》（長野県下伊那《しもいな》郡松川町）といへるが流たるを渡て、賢錐《かたきり》（片桐のこと）のうまや（駅家）になりて、みち行人のかたるを聞ば、この伊那の郡には久陀《くだ》といふものありて人につき、もの、け（物の怪）となりてくるはせ（狂）ける。そのなやめるはじめは、つねのゐやみ（疫病）のごとく、あたたかさは、身におきのゐたるごとく、みるめさへおそろし。此くだてふけだもの（獣）は、いみじう人をなやませる、あやしきじちはありて、神のごとく人のめには見えねど、をりとしては、いぬ《（犬）》、猫にとりくはる《（食）》ゝことあり。そが形は、りし《（リス）》、むさゝびに似ていろ黒う、毛は長く生ひたれて、つめは針をうへたるごとく、身はさゝやかながら、むくつけきものなり……。

（『菅江真澄全集』第一巻、一八ページ）

クダギツネと呼ばれる憑《つ》きものの伝承を記述している。非常に詳しく憑きものの様相を書いており、たまたま地元の人間の話しているのが耳にはいってきたので書き留めたというものではない。真澄自身が質問し、憑きものの内容を聞きだしていると判断してよいであろう。

特定の地域について詳細に記述してはいないが、旅するなかで目にはいってきた人びととの生活、耳にはいってきた生活に注意して、その生活ぶりを書き留めている。好奇心が旺盛であることがそのような観察を可能にしたのであろう。のちに民俗と呼ばれて把握される事象が次から次へと登場する。これらの記事を書いても、儒学者のような批判的な言辞はみられない。客観的にありのままを書き留めていることが注目される。このことは絵を挿入していることにも示されている。このような民俗の描写は旅が進むにつれてふえていった。

天明の大飢饉

天明といえば、天明の大飢饉《だいききん》が思い起こされる。飢饉は一七八三（天明三）年だったので、その二年後に菅江真澄は津軽をめぐった。大飢饉の悲惨な状態が残る時期であった。『楚堵賀浜風《そとがはまかぜ》』に次のように記されている。

卯之木、床前《とこまい》（つがる市森田《もりた》町床舞）といふ村のこみちわけ来れば、雪のむら消え残りたるやうに、草むらに人のしら骨あまたみだれちり、あるは山高くつかねたり。かうべ《（首）》など、まれびたる穴ごとに、薄《すすき》、女郎花《おみなえし》の生出たるさま、見るこゝち《（心地）》もなく、あなめ〳〵とひとりごち《（独り言）》たるを、しりなる人の聞きて、見たまへや、こはみな、うへ《（餓）》死たるものゝかばね《（屍）》也。過つる卯《う》のとし（天明三年）の冬より辰《たつ》の春までは、雪の中にたふれ《（倒）》死たるも、いまだ息かよふも数しらず、いやかさなり《（重）》ふし《（伏）》て路をふたぎ、行かふものは、ふみこへ〳〵て通ひしかど、あやまちては、夜みち夕ぐれに死むくろの骨をふみ折、くちたゞれたる腹などに足ふみ入たり。きたなきにほひ《（臭）》、おもひやりたまへや。このうへたすから《（助）》んとて、いき馬をとらへ、くびに綱をつけてうつばり《（梁）》に曳あげ、わきざし《（脇差）》、或小刀をはら《（腹）》にさし、さきころ《（裂き殺）》

し、血のしたゝるをとりて、なにくれの草の根をにて《(煮)》くらひ《(食)》たり。あら馬ころすことを、のち〳〵は、馬の耳にたぎり湯をつぎいれてころし、又頭より縄もてくゝり、いきつきあへず、すなはち死うせ侍りき。其骨どもは、たき木にまぜたきてけぶり《(煙)》をたて、野にかける鶏犬をとりくらひ、かゝるくひものも尽て侍れば、あがうめる子、あるははらから《(同胞)》につかれしに、亦、ゑやみ《(疫病)》に死行侍らんとするともがら《(輩)》あまたあるを、いまだ、きのをたえさなるを、わきざし《(脇差)》をたて、又はむねのあたりくひやぶりて、うへ《(飢)》をしのぎぬ。人くらひ侍りしものをば、くにのかみ(藩主)に命められ侍りき。人の肉はみたるもの、眼は狼などのごとに光きらめき、馬くらひたる人は、なべて面色黒く、いまも多くながらへて村々に在けり。弘前《ひろさき》ちかきところに娘をおきたる女ありて、此むすめ、あが母は、このとしのうへにいかゞしてか侍らん、見てんとて、みちは一日のうちにあゆみつくところなれば夕近く来つきて、ともに、ことなきことをよろこびてのち、母のいふは、ましか、つぶ〳〵と、はだへこへたり。たうび《(食)》たらば、うまさ、かぎりあらじかしと戯《たわむれ》てけるを、あがはゝの空ごとながらこゝろおぼつかなく、母のいね《（寝）》たるをうかゞひ、みそか《（密）》に戸おし明て、夜のまににげかへりたることも侍る。かゝる世のふるまひのおそろしさ、みな、人のなすわざともおぼえず、さながら、らせち《（羅刹）》、あすら《（阿修羅）》のすむ国なども、かゝるものにやとおぼえ、しなば死てん、いきて、うきめみんくるしさとおもひ捨しかど、あめのたすけにや、わがたちは藁《わら》を搗《つ》きて餅としてくらひ、葛蕨《くずかずら》の根をほりはみて、いままでのいのちをながらへ侍る。

（『菅江真澄全集』第一巻、二七四～二七五ページ）

津軽の村々をめぐっていたときに聞いた飢饉の様相である。冷静に聞き知ったことを記録する精神がみなぎっている文章である。天明の飢饉の実情をなまなましく伝えている。鶏や犬はもちろん、馬も食べ、さらに生き残っている人間が瀕死の人間を殺してまでその肉を食べたことが記されている。

「真澄遊覧記」から知る民俗

真澄は旅の途次で聞いたこと、みたことを日記に記した。したがって、たまたまえた情報であり、系統的に全体像を把握して記録することはなかった。真澄の遊覧記には目にはいった多くの年中行事が挿絵とともに記録されている。しかし、その土地の一年間の年中行事を観察結果として記録することはない。とおりすがりにみた行事や滞在中にみた行事が記録されているにすぎない。しかし、個別の行事についての記録は正確である。まず最初に年中行事についての注目すべき記事をみておこう。

七夕《たなばた》には興味をいだいたようで、各地のようすが記載されている。まず、旅にでた最初の年、松本平《まつもとだいら》の七夕が『委寧能中路《いなのなかみち》』に書かれているが、七夕当日に次のような情景を観察する。

ちいさきかたしろ(形代)のかしら(頭)に糸つけて軒にひきはへ、くれ(暮)行空をまつに、身のけそう、きよらによそ(装)ひたちて、めのわらは(女の童)、あまたむれつど(群れ集)ひ、さゝすりもてうたひごち、こよひ(今宵)や、ほし(星)をいさめ奉るならん。

(『菅江真澄全集』第一巻、三五ページ)

当日ではなく数日たった十一日に村々を歩いているときにみた様相である。

みちのかたはら(傍)の家の軒に、男女のかたしろ(形代)風にふかれたるは、七月の星に手向しを、そのまゝに、とりもをさめざりけり。

(同書三九ページ)

●—七夕人形（菅江真澄『委寧能中路』）

●—七夕踊り（同上）

そしてスケッチ画を描いて挿入した。七夕人形がつるされているだけでなく、その下には長机がおかれ、供物を載せた膳がならべられている。そして、その七夕人形の絵とならんで、七夕踊りも描いている。いずれもたまたまゆきあった七夕のようすを記録している。この最初にでくわした七夕には興味をいだいたらしく、その後の日記にも登場する。翌年の日記である『久目路《くめじ》の橋』の七月七日にも次のように記されている。これは諏訪を訪れたときのものである。

女童、竹のさえだ(小枝)に糸引はへて、さゝやかなる男女のかたしろをつくりて、いくらともなうかけならべたるに、秋風、さと吹なびかいてけり。

（同書一五九ページ）

ここにもスケッチ画を挿入している。信州の松本平を中心に七夕人形が行われていることがわかる。

田植え風景

旅の途次、目にはいってくるのは季節の風物詩である。春から夏に移るときの風景は水田の耕起作業から田植え作業である。真澄も現在の上伊那《かみいな》郡飯島《いいじま》町で、次のように書いている(『委寧能中路』)。

田植る料に、苅りしき《敷》とて、柞《ははそ》ならの葉などの、わか《若》葉の梢かりつかね、馬につけて野山より田ずら《面》に、女にてもあれ、おとこ《男》にてもあれ引行を、まねぐりとて、日にもゝたび《百度》、ちたび《千度》も行かひをせり。それを田面にしきて馬いくつも引入て、独が手に綱をとり、うたひぬ。これを、ふませなんといひける。　(同書二〇ページ)

刈り敷は東日本の稲作において重要な栄養補給方法であった。ここに記しているように、山の木の若葉がついた梢を伐ってきて、そのまま田にいれて、馬などを用いて泥のなかに踏み込むもので、金肥《きんぴ》▲が一般化するまで盛んに行われていた。刈り敷はカッチキと発音が変化していた。

刈り敷をいれて、それが腐り、水田の力は回復すると、いよいよ耕起作業から均《なら》しをして、田植えとなる。苗代から苗をとって、水田に移植する田植え作業である。田植えは女性の役割である。早乙女《さおとめ》と呼ばれるゆえんである。そこにはいたずらがあった。同じく伊那谷《いなだに》のことである。

さなへ《早苗》とり〳〵うふる《植》中に、手をそきうへて《植手》をば、あな《穴》にすとて、手ばや

▼**金肥**　購入した肥料のこと。下肥《しもごえ》や堆肥《たいひ》・厩肥《うまやごえ》のように自家製の自給的な肥料に対して、金銭を支払って購入した肥料。近世では干鰯《ほしか》・油粕《あぶらかす》がその代表であるが、近代になるとさまざまな化学肥料が登場した。

のうへてあまたに、うへまわされて、いず《（出）》べきかたのなければ、たゞ、たちに立てけるを、こゝらの男女、ゆびさし笑ひたり。

十五日　空はれたれば、近き辺の田歌唄ふを、さきかんと、やのあるじ《（家の主）》と友《（共）》に出ありけば、はつよめ《（初嫁）》、はつむこ《（初婿）》も田植のいはひ《（祝）》とて、つねには、そのことにゆめたづさ《（携）》はらぬも、おりまじりて、うふる《（植）》ならひ《（習）》なれば、おなじ《（同じ）》さま《（様）》におり《（下り）》立て、うふ《（植）》なるを、とね《（刀祢）》といひて、田うちならし《（打ち均し）》たひらぐ《（平）》男も、あまたの早乙女も、このむこ、よめを心にかけて、くはやといへば、こひぢ《（恋路）》の水を手ごとにすくひかけ、すくひかけ、にげ行ば追めぐり、田のあぜ《（畦）》、くろみち《（畦道）》をふみしだきおひ行ば、あぜとなりの小田よりも、あまたむれ来て、そのむことらへよ、よめやるなとうちかけ〳〵かけられて、笠も衣も、ひじり《（泥）》こにぬれて、さゝやかのや《（家）》ににげ入り、笠のしたにて、よゝとなきて、今よりは、なゝ田うへ《（植）》じと、まが〳〵しういふ。むこがねは木の朶《そだ》をたぐり廩《くら》のうへにのぼり、いのちなん、ゆるしてよ、はやいはひ、これにをへなんといふを、なき居るよめのあふぎ見たるを……。

（同書二二三ページ）

ここに田植えをめぐる二つの民俗が記録されている。一つは、早乙女たちのいたずらである。田植えのスピードが遅い者のまわりをすべて植えてしまって、でられなくしてしまう、今でいえば一種の虐《いじ》めである。もう一つは新婚の夫婦に田の泥をかけて祝う儀礼である。稲が実って豊作になることと、夫婦が子どもをつくって産むことを関連づけて、呪術《じゅじゅつ》的な行為として行っているのである。

菅江真澄の記述はあくまでも旅人の観察であった。旅の途次でみたことを書き記した。もちろん観察したことだけを記しているのではない。そこで聞いた話や情報も記録している。そこは単なる紀行文とは異なる。しかも生活に関心をよせ、儀礼や信仰に着目しながら記録している。その点ではのちに柳田国男がいう「旅人の採集」による民俗の記録であった。けっして民俗調査とはいえないが、民俗を記録するという点で日本の民俗学の先駆者の一人であった。

●—鳥居龍蔵

▼『東京人類学会雑誌』　東京人類学会（のちの日本人類学会）の機関誌。一八八六（明治十九）年に『人類学会報告』として創刊され、その年に『東京人類学会報告』、翌年に『東京人類学会雑誌』と改称し、一九一一（同四十四）年から『人類学雑誌』となった。最初の人類学は、自然人類学だけでなく、考古学、現在の民族学をも含む幅広い対象を扱っていたが、しだいに自然人類学に限定されるようになった。現在は Antholopological Science という誌名になっている。

③—鳥居龍蔵

土俗会

『東京人類学会雑誌』▲第九四号（一八九四〈明治二十七〉年）に「土俗会談話録《どぞくかいだんわろく》」という記事が掲載されている。その最初に、この記事は前年の一八九三（明治二十六）年七月二十四日に開催された土俗会の談話筆記であると断わっている。そして「開会の口上」を発起人鳥居《とりい》龍蔵《りゅうぞう》が以下のように述べた。

さて、土俗会を今回開会せしは敢《あえ》て好奇心より出でしに非ず。全く当時明《めい》治義会《じぎかい》の夏期講習会に付ては、各地方より出京せられ居る方々が夥多《おびただ》しく御座りますから、此《この》機会失ふ可からず。是等《これら》の諸君が何処かで一同に会合し共に其地方に行はるる風俗・習慣・言語・口碑の事など談じ合ひなば土俗研究上少なからざる有益の材料を得るならんとて扨こそ本夜土俗会を開く事と致しました。

斯《か》かる会合は曾て東京大学及び予備門の生徒が大学講義室に集会し各地方の方言会を開かれたる以来。蓋《がい》本会本夜の挙か第一着で御座りましやう。

然《しか》らば我日本に於て各地方の人士が集合し一定の目的を以《もっ》て其地の土俗に関する談話を互になすはこれが始めで御座ります。殊に此会にして場所は明治義会の講堂。専門学者たる坪井《つぼい》教授の来会あるは是れ最も本会の名誉にして、私は日本土俗学研究歴史中へ此会の本夕の集りを大書特筆せんことを望みます。諸君は此の会合は決して本夜而已《のみ》に止めず。尚時々各府県の人々の集会の際には盛に土俗会を開かれんことを望みます。

このようにして始まった土俗会は、参加者が交々《こもごも》に立って、自分の居住地・出身地の正月行事を語り合った。その記録が『東京人類学会雑誌』に掲載されたのである。ここでいう土俗は今ではほとんど死語になっている。今いうのであれば民俗であろう。鳥居龍蔵の説明では風俗・習慣・言語・口碑である。これらごくありふれた生活事象に価値をみいだし、それを座談会の方式で収集するとともに、一堂に会して報告しあうことによってその地域差を認識しようとしたものである。なかなかの企画力といえる。それを行ったのが鳥居龍蔵である。土俗会の発起人である。

毎年開催の土俗会

『東京人類学会雑誌』をみていくと、土俗会は一回で終らなかったことがわかる。翌年夏に第二回、その次の年には第三回と開催し、確認できるだけでも第六回まで開催された。第三回までの土俗会は鳥居龍蔵が司会・進行をつとめている。第二回土俗会は一八九四(明治二十七)年八月二十日「各地贈答の風習」、第三回土俗会は翌九五(同二十八)年八月二十五日、「地方ノ若者ガ年中ノ楽ミトナシ居ルハ何事ナリヤ」および女子についても同じ課題とした。第四回土俗会は一八九六(明治二十九)年八月二十二日にやはり明治義会講堂を会場に行われた。第四回の課題は「育児風習」であった。この会の司会は八木《やぎ》奘三郎《しょうざぶろう》が行った。第五回土俗会は一八九七(明治三十)年八月七日に明治義会で開催された。鳥居龍蔵が開会の挨拶をし、ついで山中笑《やまなかえむ》が課題説明、そして坪井正五郎《しょうごろう》が土俗調査の意義について講演した。参加者は一三一人という大規模な会であった(「第五回土俗会談話録」『東京人類学会雑誌』一四一号、一八九七年)。課題は「日本諸地方の食事に関する事実」で、『東京人類学会雑誌』一三六号(七月号)に公表してあった。そのため参加者が非常に多くなったものと思われる。第六回土俗会は一八九八(明治三十一)年八月九日に従来と同じように明治義会講堂で開催された。司会は八木奘三郎、課題は「諸地方の妄信俗伝」であった。

そして、これらの記事から土俗会の理論的指導者はつねに坪井正五郎であったことがうかがえる。坪井正五郎(一八六三〜一九一三年)は日本の近代的人類学の生みの親である。江戸《えど》幕府《ばくふ》の奥医師《おくいし》の家に生まれ、一八歳のときに帝国大学の理科大学生物学科に入学し、在学中から人類学に興味をもち、活動を開始した。一八八八(明治二十一)年に理科大学助手となり、八九(同二十二)年から九二(同二十五)年までイギリスに留学した。二九歳で帰国して理科大学教授となり、人類学教室をつくった。一九一三(大正二)年ロシアのペテルスブルグで開かれた万国学士院《ばんこくがくしいん》連合大会に出席後、そこで客死した。坪井がヨーロッパから持ち帰った人類学の知識が日本の人類学の内容を決めた。

第一回土俗会の開会にあたり坪井が「土俗調査より生ずる三利益」と題する講話をした。そこに土俗を調べることの意義が明確に述べられている。三つの利益を掲げるが、そのなかでも最大の意義は「風俗習慣の起源変遷が推測される」ことにあった。各地の土俗を比較することで、歴史的な変遷過程がわかってくるというものであった。

自学自習の大学者

明治時代には大学を卒業せずに大学者になった人物は少なくない。植物学の牧野富太郎《まきのとみたろう》▲は有名であるが、人文科学に造詣が深かった破天荒の人物南方熊楠《みなかたくまぐす》もそうである。そして、鳥居龍蔵もその一人である。鳥居龍蔵は一八七〇（明治三）年に徳島に生まれた。生家は、江戸時代には藩《はん》の御用商人であった煙草《たばこ》問屋で豊かな商家であった。龍蔵は小学校に入学したが、まもなく登校拒否児となり、翌年には退学してしまった。それ以降、小学校・中学校の課程を自宅で自習して学力をみずから身につけた。しかも、非常に早い段階に古本屋で『和漢三才図会《わかんさんさいずえ》』▲と山東京伝《さんとうきょうでん》（岩瀬醒《さむる》）の『骨董集《こっとうしゅう》』▲を購入し、それに魅了されたという。小学生でありながら、歴史に興味をもち、また漢籍《かんせき》を読み、中学にはいる年代になると英語を学んだ。新聞や雑誌を取りよせて情報源として学んでいたが、一八八六（明治十九）年に東京で東京人類学会が組織されたという情報が伝わり、早速その機関誌『人類学会報告』を購読するようになり、ついで入会

▼牧野富太郎　一八六二〜一九五七年。土佐の生まれ。植物学者。高等教育を受けることなく、独力で植物学をおさめ、植物分類を行い、また日本各地で植物採集を行い、多くの新種を発見・登録した。東京大学理学部の助手・講師として勤務。『牧野日本植物図鑑』を編纂した。

▼『和漢三才図会』　近世中期に寺島良安《てらしまりょうあん》によって編纂された図説百科事典。一七一二（正徳《しょうとく》二）年成立。中国の『三才図会』にならって編纂されており、古今の事物を分類して配列し、図を挿入して漢文で解説している。

▼『骨董集』　近世後期に岩瀬醒（山東京伝）によって著わされた随筆。一八一三〜一五（文化十〜十二）年に成立。近世の風俗や文物について考証し、起源や変遷を述べる。

した。いまだ一七歳の少年であった。

当時の人類学は現在の自然人類学（形質人類学）・文化人類学に加えて考古学を含む幅広い学問であった。龍蔵はこの人類学に非常な興味をいだいた。とくに考古学に大きな関心をもった。そして、自分もその研究をしたいと思うようになり、早速に人類学会の指導者である白井《しらい》光太郎《こうたろう》、ついで中心人物の坪井正五郎に教えを請う手紙を差しだした。すると、それに対して、坪井から早速に論文の抜刷りが送られてきた。これから以降、鳥居龍蔵は坪井の教えを受け、さらには支援を受けることになった。また人を介して、坪井から参考書を教えてもらい、それを読んだ。当時、坪井正五郎は帝国大学の大学院学生であった。将来が約束された新進気鋭の研究者であった。その坪井が、一八八八（明治二十一）年に九州からの帰途、徳島の鳥居龍蔵をたずね、鳥居の家に三日間滞在した。そのとき坪井は鳥居に対して、「君は早く上京し、人類学を学ばれよ。若し上京されるならば、出来るだけ斯学について種々相談しよう。また大学の選科を選ばれてもよろしい」と親切に声をかけた（鳥居龍蔵『ある老学徒の手記』）。これが龍蔵の人生を大きく変えることになった。

二一歳のとき(一八九〇〈明治二十三〉年)に勉強をしようと東京へでた。当時は徴兵《ちょうへい》検査があって、合格すれば、入隊することになったが、龍蔵はそれをまぬがれ、いよいよ東京行きを決心した。そして、翌年秋九月に上京したが、あいにく頼りとする坪井正五郎はイギリス留学中で不在であった。東京では、人類学の先輩たちを訪ね歩いて教えを請うた。そして、坪井が帰国したのち、一八九三(明治二十六)年に東京帝国大学理科大学人類学教室標本整理係となった。二四歳のときである。ここから本格的な研究活動が開始された。その一つが土俗会の開催であった。鳥居龍蔵の就職とともに始まったといえる。

日本から大陸へ

土俗会が開始された時期は、日本は清《しん》との戦争に突入していく時期であった。日清戦争が一八九四(明治二十七)年に始まり、翌年下関《しものせき》講和条約が結ばれ、日本は台湾を獲得し、植民地《しょくみんち》支配を開始した。日本が占領した遼東《りょうとう》半島の調査を行うということで、東京人類学会が大本営に申請して許可をもらい、派遣されたのが鳥居龍蔵であった。鳥居は遼東半島で主として考古学的な遺跡・遺物を

▼支石墓　巨大な石を立てて支石にし、その上に大きな板石を載せた墓。ドルメン。朝鮮半島を中心に、中国の東北地方から日本の九州北部までみられる。日本では弥生《やよい》時代にみられる。

発見して歩いたが、もっとも感動したのが「ドルメン」という学術用語で呼ばれた支石墓《しせきぼ》▲の発見である。遼東半島調査の翌年には今度は台湾への調査に派遣された。土俗会の第四回で鳥居が司会をしなかったのは、台湾にでかけていて日本不在だったからである。鳥居の台湾調査は一九〇〇（明治三十三）年までのあいだに四回にわたって行われた。

このようにみるとわかってくるが、土俗会は鳥居が日本の外へ活動を広げていく直前の企画実施だったことである。鳥居はもちろんのこと、考古学や人類学に興味をいだく人びとは、日本の対外膨張に対応して、関心を日本の外へ向けるようになる。鳥居はその実践として、大陸各地の調査を進めることになる。土俗は日本列島内において完結するものではなく、人類史的な意味をもつものである。そこには日本列島という枠組みを認めず、広くアジア全体に視野を拡大し、具体的な調査対象も自然と日本の外に向かった。そして、土俗もそれにともなって、日本外の諸文化についていう用語となっていった。帝国日本の版《はん》図《と》、さらには進出を狙う東アジア諸地域が同時に学問関心の対象地域であった。中国・蒙古《もうこ》・朝鮮・千島《ちしま》・樺太《からふと》などで調査を行ったが、その中心は考古学であ

▼苗族 西南中国に分布する少数民族。貴州《きしゅう》省・雲南《うんなん》省、広西チアン族自治区を中心に広く分布し、人口数も多い。山間部に密集した集落を形成することが多い。生業は主として稲作。生活文化において日本と共通する面があるとして注目する研究者もいる。

った。そのなかで、土俗に関係するものは一九〇二(明治三十五)年から翌年にかけて実施した西南中国苗族《ミャオ》▲の調査である。対外的な関心の強まりは必然的に日本列島内の問題についての取組みを弱め、土俗会も六回で終了することになった。

標本整理係から始まった鳥居の職業は、一八九八(明治三十一)年に東京帝国大学理科大学助手となり、一九〇五(同三十八)年に東京帝大理科大学講師、二二(大正十一)年にようやく助教授になった。しかし、二年後の一九二四(大正十三)年に東京帝国大学を辞職した。前年に就任していた國學院《こくがくいん》大學教授となった。そして一九三九(昭和十四)年から五一(同二十六)年まで中国北京《ペキン》にあった燕《えん》京《きょう》大学の教授をしていたが、五二(同二十七)年に帰国した。一九五三(昭和二十八)年に死去した。晩年に『ある老学徒の手記』(朝日新聞社、一九五三年)という回顧録を著わしているが、そこには日本列島内の土俗についてはほとんど登場せず、もっぱら東アジア各地域への調査旅行が回顧されている。

十九世紀の人類学を学び、ヨーロッパにはいかず、アジア諸地域の調査探検を行った。その考えの基礎には、人類は一つの進化の過程をあゆむという進化主義人類学が色濃く示されていた。日本列島の土俗も、東アジア諸地域の土俗も同じ価値、同じ意味をもって人類史を明らかにする資料となるのであり、価値の差はないという考えが基礎にあった。人類学として民俗を把握し、研究するという立場を示した先駆者であった。

●——山中共古（『山中共古ノート』）

④——山中共古

「甲斐の落葉」

明治時代にはさまざまな経歴・職業の人が民俗に関心をいだき、のちの民俗学にあたる学問を開拓した。鳥居《とりい》龍蔵《りゅうぞう》もその代表的な人物であるが、ほぼ同時期に活躍したもう一人の研究者を取り上げよう。鳥居龍蔵は土俗会《どぞくかい》という方式で日本各地から集まった人びとからそれぞれの土地の民俗を聞きだし、記録するという方式を考案した。もちろんみずからも現地にでかけ、彼のいう「土俗調査」を行った。しかし、まもなく関心は、日本の対外膨張と対応するかのように、日本の外に向かった。鳥居はしだいに日本列島内の民俗からは遠ざかっていった。ほぼ同時期に日本の田舎にこだわった人物がいた。しかもその人物はキリスト教の牧師であった。

『東京人類学会雑誌』一九九号（一九〇二〈明治三十五〉年）に山中笑《やまなかえむ》の「甲斐《かい》の落葉《おちば》」と題する次のような文章が掲載された。

○熨斗《のし》の代用もの　物を人に贈るときは、熨斗を用ゐる代りに、附木《つけぎ》に鍋墨を指先につけ、夫を附木へつけて（イ図）、此如《かくのごと》くして贈る、又は（ロ図）附木へヽヽを墨以《もっ》て印し、代りとするもあり、青物には熨斗の代りに鳥の羽根を用ゐ、又はごまめを二匹添ることとす、茶を紙包にして品物にそへるもあり、松の葉をのしとなすもあり
○付乳《つけちち》　小児に初て乳を飲せる時には、付乳といふて、男子の時母の女子を持たる婦人の乳を吸はせ、小児女なら男の子の吸ふ乳を吸はせ、其後母の乳を吸はせることとす
○産婆へ出す飯　出産がすむと直に取り上げ婆に飯をたき松魚節《かつおぶし》をかき、塩を添へ食事をすゝめ、産婦にも食させるを例とす
（中略）
○胞入《えないれ》　胞入れには土器を用ゐることとなし、柄杓《ひしゃく》など造る曲物屋《まげものや》にて図（ハ図）の如きものを作り、胞入れとす、通例は柄杓の柄をぬきとり曲物として用ゐ、蓋《ふた》には紙をもつておほひ、水引《みずひき》にて結び、地に埋む
（中略）
○シカバナ　葬礼の時、親族はシカバナを持て棺にそふて行く、甲府《こうふ》のシ

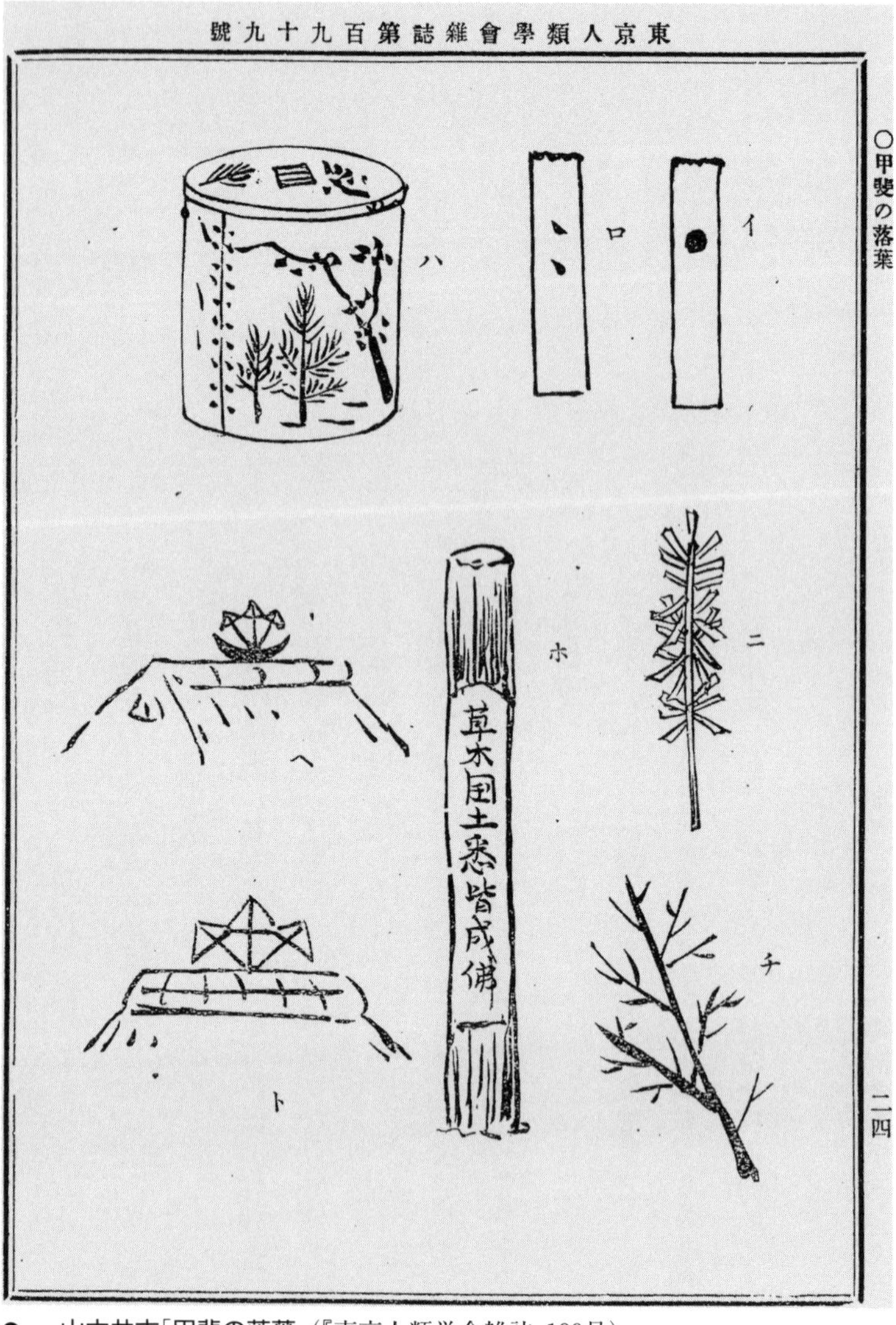

●──山中共古「甲斐の落葉」(『東京人類学会雑誌』199号)

カバナは白紙にて先の方を青紙にて造る、勝沼《かつぬま》村にて見たるは白紙のみにて青色の紙を付けず

○柳塔婆《やなぎとうば》　稲積《いなづみ》村（中央市）、竜王《りゅうおう》村（甲斐市）等の寺院にて柳塔婆といふを見たり、柳の丸木を五尺位に切り、皮をつけ、図（ホ図）の如く記し、墓地へ立つる事とす、これは五十年の法事の時にするものとぞ、この柳の根が生ずると仏が生れ変る証しといへる人もあり

○新ぶきの草屋根　草屋根を新に葺く時は麦わらにて三日月形を造り、紙を三角にたゝみ、幣《へい》を三本さす、東山《ひがしやま》諸村中巨摩《なかこま》諸村に見受る、半紙を二ツ折にし、竹串へ挟みたる幣なり（ヘ図ト図）

これを第一回として、「甲斐の落葉」と題する文章が『東京人類学会雑誌』に六回にわたり断続的に掲載された。執筆者は山中笑となっていたが、現在は一般に山中共古《きょうこ》と記される人物である。彼はこの記録のいきさつについて次のように説明した文章を最初に掲げている。

この書は、予《よ》が明治十九年の冬、甲府へ移り、住居したるより、数年間、見聞きしたるを、手帖のはしに認め置けるを、移し写しかへたるまでのも

のにて、順序、部分の別もなく落葉かき集めたるばかり也

明治辛丑《しんちゅう》初秋

山中共古

一八八六(明治十九)年山梨県甲府市に赴き、数年間そこに暮した際の見聞録ということになる。一時的な滞在者による甲州の風俗・習慣、今でいう民俗の記録である。十九世紀の終りごろの甲州農村の日常生活のなかにみられた儀礼・行事に関心を示し、豊かに記述している。のちに民俗学が研究対象とする事象がすでに興味関心の中心にあったことがわかる。ただし、系統だってはいないし、全体的に把握しているわけではない。たまたま見聞きしたものが記録されているのであり、本人もいうように、個々の記述は断片的である。

御家人からキリスト教牧師へ

「甲斐の落葉」の著者山中共古もまた大学で専門的に学んだ研究者ではなかった。山中共古は一八五〇(嘉永《かえい》三)年十一月に江戸四ツ谷《えどよつや》の幕府御家人《ばくふごけにん》の家に生まれた。徳川《とくがわ》幕府の倒壊にともない、江戸城は新政府に引き渡され、徳川家は

駿府《すんぷ》(現在の静岡市)に移ることとなった。徳川家が移るということは、その家来である旗本《はたもと》・御家人も江戸を引き払い、徳川家に付き従って駿河に移ることであった。山中家も駿府に移り住んだ。静岡藩では学問所《がくもんじょ》を設立し、多くの優秀な教員を招いたが、その事務を行う者として山中共古は採用され、学問の世界に触れることとなった。一八七三(明治六)年には静岡県から小学校教師に任命されたという。二四歳のときである。一八七六(明治九)年には静岡県語学校の教員となった。

ちょうどそのころ、外国人教師として招かれたマグドナルド博士という人物の影響を受け、キリスト教に開眼し、まもなく日本メソジスト教会▲の洗礼を受けたという。そして熱心な信者となって、語学校が廃校になったこともあって、キリスト教の伝道にしたがうことを選択した。一八七八(明治十一)年に日本メソジスト教職試補となり、静岡教会の牧師になった。そして一八八二(明治十五)年、三三歳のときに東洋英和《とうようえいわ》学校神学科を卒業して正格教師となり、八四(同十七)年に東京に移り住み、下谷《したや》教会の牧師、翌年には牛込《うしごめ》教会の牧師になった。

▼**日本メソジスト教会**　キリスト教プロテスタントの教派の一つ。十八世紀にイギリスで成立。日本では一八七三(明治六)年に成立した。厳しい禁欲的な生活を求める宗派で、その生活方法を示すmethodが名前の由来。

一八八七(明治二十)年に牧師として山梨県甲府市に赴任した。三八歳のときであった。そして一八九三(明治二十六)年まで甲府教会の牧師としてキリスト教の伝道を行ったが、その間に地域の生活に関心をいだくようになり、見聞きしたことをメモにとり、その一部は早くから『東京人類学会雑誌』に発表していた。『人類学報告』一五号(一八八七〈明治二十〉年)に「粥杖《かゆづえ》の起り」を発表したのがその最初である。そして土俗会が行われているころは、それに対応して「甲斐の子供遊」(一一六号)、「甲斐の贈答風習」(一三五号)が掲載されている。そして甲府を離れて一〇年後にまとめたのが「甲斐の落葉」である。山中共古はその後、静岡県の沼津《ぬまづ》、見付《みつけ》(現在の磐田《いわた》市)、吉原(現在の富士市)あるいは東京の教会で活動した。静岡県の任地でも、その地域の生活に関心をいだき、『見付次第』『吉居雑話』などの記録を作成して残した。そして、牧師という職業を一九一二(明治四十五)年に退職した。その後、一九一八(大正七)年に青山学院《あおやまがくいん》図書係となって、二八(昭和三)年に病気で没した。なお、共古は号で、本名は笑であった。文筆にあたっては号である共古を用いた。

共古の功績

山中共古の履歴はまた特異なものであった。大学で専門教育を受けたことはなく、しかもキリスト教の布教を行う牧師という、欧米的な感覚の持ち主であった。そのような人物が地域の生活文化に興味をいだき、見聞きしたことを記録し、学界に報告した。甲府にいるあいだだけのことではなく、静岡県内の教会勤務のときも同様に興味をいだき、記録を書き残している。しかも、その学識は深く、民俗に関心をいだく多くの研究者と交流した。

つぎに取り上げる柳田国男が、石神《いしがみ》の謎を当時の学識ある人びとと往復書簡を交わしながら論じた記録『石神問答《いしがみもんどう》』にもっとも多く登場するのが山中共古である。『石神問答』は一九〇九(明治四十二)年九月から翌年の四月までに柳田国男とのあいだで交わされた四三通の書簡を収録したもので、その最初の手紙は柳田国男から山中共古宛の書簡で、二番目はそれに対する山中共古の返書である。『石神問答』に収録された往復書簡の相手は全部で八人であるが、そのなかでもっとも多いのが山中共古である。柳田から山中宛が一〇通、山中から柳田宛が八通であり、全体の四割を占めている。柳田国男の学問形成にとって山中のあたえた影響は大きく、その点からでも日本の民俗学創設期の重要人物といってよいであろう。

キリスト教の牧師であるから、進化主義▲に与するわけではなく、むしろ生活のなかに伝統を発見する態度であった。江戸時代の生活を具体的に把握しようとした。明治後期には江戸時代は過去になりつつあった。消えゆく江戸時代の生活の実像を把握し、記録しておこうという姿勢がそこには色濃かったといえる。人類学とは異なる姿勢である。伝統を直近の過去につなげる思考といえよう。

▼**進化主義**　進化論の理論によって自然・社会・文化を説明する考え。人類はどこにあっても低い次元から高い次元へと同じような歩みをするという考えで、地域差を時間差におきかえ、各地の文化を単系的・一線的な進化の各段階に位置づけた。

●柳田国男

⑤柳田国男

『遠野物語』

日本の民俗学を開拓した人である。菅江真澄《すがえますみ》・鳥居龍蔵《とりいりゅうぞう》・山中共古《やまなかきょうこ》はいずれも民俗学形成史を飾る人であるが、民俗学を完成させた人ではない。研究として今に残される学説があるわけではない。民俗という事象に関心をいだき、民俗を記録しようとした先駆者たちである。柳田国男《やなぎたくにお》の登場によってはじめて研究としての民俗学が姿をあらわし、学問となった。

まず柳田国男が民俗に関心をいだいた初期の文章をいくつかみておこう。

八　黄昏《たそがれ》に女や子供の家の外に出ている者はよく神隠《かみかく》しにあうことは他の国々と同じ。松崎《まつざき》村の寒戸《さむと》という所の民家にて、若き娘梨の樹の下に草履《ぞうり》を脱ぎ置きたるまま行方《ゆくえ》をしらずなり、三十年あまり過ぎたりしに、ある日親類知音《ちいん》の人々その家に集りてありしところへ、きわめて老いさらばいてその女帰り来たれり、いかにして帰ってきたかと問えば人々に逢いたかりゆえ帰りしなり。さらばまた行かんとて、再び跡を留めず行き失せたり。

その日は風の烈しく吹く日なりき。されば遠野《とおの》郷の人は、今でも風の騒がしき日には、きょうはサムトの婆が帰って来そうな日なりという。

一五　オクナイサマを祭れば幸多し。土淵《つちぶち》村大字柏崎《かしわざき》の長者安倍《あべ》氏、村にては田圃《たんぼ》の家という。この家にてある年田植の人手足らず、明日は空も怪しきに、わずかばかりの田を植え残すことかなどつぶやきてありしに、ふと何方よりともなく丈《たけ》低き小僧一人来たりて、おのれも手伝い申さんと言うに任せて働かせておきしに、午飯《ひるめし》時に飯を食わせんとて尋ねたれど見えず。やがて再び帰り来て終日、代を掻きよく働きてくれしかば、その日に植えはてたり。どこの人かは知らぬが、晩には来て物を食いたまえと誘いしが、日暮れてまたその影見えず。家に帰りて見れば、縁側に小さき泥の足跡あまたありて、だんだんに座敷に入り、オクナイサマの神棚の所に止りてありしかば、さてはと思いてその扉を開き見れば、神像の腰より下は田の泥にまみれていませし由。

一七　旧家にはザシキワラシという神の住みたもう家少なからず。この神は多くは十二三ばかりの童児なり。折々人に姿見することあり。土淵村大字飯豊《いいで》の今淵勘十郎《いまぶちかんじゅうろう》という人の家にては、近き頃高等女学校にいる娘の休暇にて帰りてありしが、ある日廊下にてはたとザシキワラシに行き逢い大いに驚きしことあり。これまさしく男の児なりき。同じ村山口なる佐々木氏にては、母人ひとり縫物しておりしに、次の間にて紙のがさがさという音あり。この室は家の主人の部屋にて、その時は東京に行き不在の折なれば、怪しと思いて板戸を開き見るに何の影もなし。暫時《しばらく》の間坐りておればやがてまたしきりに鼻を鳴らす音あり。さては座敷ワラシなりけりと思えり。この家にも座敷ワラシ住めりということ、久しき以前よりの沙汰なりき。この神の宿りたもう家は富貴自在なりということなり。

（ちくま文庫版『柳田国男全集』第四巻、一八〜一二三ページ）

読んでわかるように、岩手県遠野地方で語られる不思議な話を記録した『遠野物語』（一九一〇〈明治四十三〉年）である。架空の話ではなく、実際にあったとされる不思議な話であるところに特徴がある。ここで記録された神隠しの話は、実際に山中にはいった人間が行方不明になってしまう。そして数十年たってからその人物が戻ってきたという。あるいはオクナイサマのように、それをまつっている家の田植えに応援に来てくれたという話。名乗らずに手伝ってくれたが、その日の夕方家に戻ってきてみると、縁側から神棚まで泥の足跡がついており、さらに神像の腰から下は泥んこになっていたという。これらは近代の合理主義の立場からはありえないこと、信じられないこととされてしまい、それに注目することもないであろう。ところがその話には人びとの観念・意識がこめられ、単なる話ではなく、実際に起こったこととして語られている。そこに作者柳田国男は注目した。単なる話ではないのである。

柳田国男と佐々木喜善

『遠野物語』の序文の冒頭をみてみると、次のように書かれている。

この話はすべて遠野の人佐々木《ささき》鏡石《きょうせき》君より聞きたり。昨明治四十二年の二月頃より始めて夜分折々訪ね来たりこの話をせられしを筆記せしなり。鏡石君は話上手にはあらざれども誠実なる人なり。自分もまた一字一句をも加減せず感じたるままを書きたり。思うに遠野郷にはこの類の物語なお数百件あるならん。我々はより多くを聞かんことを切望す。国内の山村にして遠野よりさらに物深き所にはまた多数の山神山人《やまひと》の伝説あるべし。願わくはこれを語りて平地人を戦慄せしめよ。この書のごときは陳勝《ちんしょう》呉《ご》広《こう》のみ。▲

（ちくま文庫版『柳田国男全集』第四巻、九ページ）

これによれば、一九〇九（明治四十二）年の二月に佐々木鏡石という人物が柳田国男宅を訪れ語ってくれたことを筆記したもので、佐々木鏡石は岩手県遠野出身だという。『遠野物語』は日本の民俗学の本格的な始まりを示す書物だとされる。ここに柳田国男という人物が登場した。岩手県遠野地方で語られている不思議な出来事を聞き、みずから感動し、それを人びとにも伝えようとしたのが『遠野物語』である。序文でいっているが、「要するにこの書は現在の事実なり、単にこれのみをもってするも立派なる存在理由ありと信ず」と述べているように、柳田国男が感動したのは過去の話ではないことにある。民俗の発見である。

序文では一九〇九年二月から話を聞いたとしているが、これは事実と異なる。柳田国男の研究は盛んで、書名に柳田国男を冠した研究書や評論書は一五〇冊をくだらないであろう。柳田国男の生涯についてはあらゆることが取り上げら

▼陳勝呉広　中国古代の秦《しん》末の陳勝と呉広の二人は反乱を起こし、結局失敗に終ったが、この乱をきっかけに項羽《こうう》・劉邦《りゅうほう》が挙兵し、ついに秦を滅ぼすことになった。そこから、ある事柄の先駆けになることやその人物を意味する。

れ、検証され、論じられている。『遠野物語』成立に関しても種々議論され、事実が細かに明らかにされてきた。柳田国男が佐々木喜善《きぜん》▲(鏡石はペンネーム)にあったのは一九〇九年二月ではなく、前年の十一月四日であった。その日、水《みず》野《の》葉《よう》舟《しゅう》▲という小説家が文学青年佐々木喜善をともなって柳田国男の家を訪れたのである。佐々木喜善は若いが、故郷遠野の不思議な話を多く知っており、柳田国男にそれを語って聞かせた。感動した柳田は、その日のことを手帖に「其話をそのままかきとめて『遠野物語』をつくる」と記した。佐々木喜善からはじめて話を聞いたときから『遠野物語』は構想されていた。その後、何回となく佐々木を自宅に招き、話を聞いた結果が結実して『遠野物語』となったのである。

民俗学への道

柳田国男(なお一九〇一年までの姓は松岡《まつおか》であるが、ここでは便宜的にすべて柳田と表記する)は一八七五(明治八)年に生まれ、一九六二(昭和三十七)年八月八日に八八歳でなくなった。日本の民俗学を開拓し、完成させた人物として知られる。生まれは兵庫県神東《じんとう》郡辻川《つじかわ》村(現福崎《ふくさき》町西田原《にしたわら》辻川)というところである。播州《ばんしゅう》

▼**佐々木喜善**　一八八六～一九三三年。岩手県遠野の出身。鏡石はペンネーム。豊かな農家に生まれたが、文学を志し、東京にでた。柳田国男にあって、『遠野物語』の素材を提供するとともに、大きな刺激を受け、口承文芸・民俗学への目を開かれ、文筆活動をする。一九一一(明治四十四)年以降、村に戻り、村長に就任した。

▼**水野葉舟**　一九一六～四七年。作家。柳田国男と知り合い、文学青年の佐々木喜善をつれて柳田宅を訪れ、佐々木を柳田に紹介した。佐々木喜善が語る郷里遠野の不思議な話に魅了された柳田はそれを一冊の『遠野物語』として著わすことを決意した。

平野の北部の農村地帯であるが、柳田国男は農家の出身ではない。父親は漢文・漢籍《かんせき》を教えて暮す知識人であった。定職はなく、雇われ塾講師ともいうべき存在で、家は貧しかった。柳田の晩年の回顧録『故郷七十年』では、有名な言葉となった「日本一小さい家」に生まれたと述べ、家庭内の不幸な出来事を語っている。小学校の校長になった一番上の兄が結婚して嫁を迎えたが、小さな家での親子二世代夫婦の同居がもたらす悲劇で、慕っていた兄嫁が実家に戻ってしまって離婚にいたった。そこから柳田国男の運命も軌道を変えていった。

小学校卒業後の一八八七(明治二十)年、柳田国男は関東地方の茨城県利根《とね》町布川《ふかわ》に移った。長兄が離婚後、東京で医者になり開業したところである。水田が広がる平野部の農村で、しかも利根川の河岸としてにぎわっていた布川で暮した。辻川と布川という関西と関東の農村を経験したことが、その後の彼のものの見方にも影響した。地域差の原体験である。布川から東京にでて、中学校、高等学校、そして東京帝国大学へと進んだ。一九〇〇(明治三十三)年に帝国大学法科大学を卒業し、官吏となり、農商務省農務局に勤務した。大学在学中から農業政策に関心をもち、勤務したところも農務局であった。農政官僚であるが、同時に研究も行い、農政学者としても活動し、多くの文章を発表した。その立場は、合理主義的で、農業も農民が才覚を発揮して金儲けができるようにしなければならないというものであった。自給自足的な農業・農村を理想とするような農本主義に反対した。しかし、大方の農政官僚・農政学者には理解されず、挫折した。

民俗の発見

一九〇八(明治四十一)年に柳田国男は二つの大きな経験をした。一つは夏の足かけ三カ月におよぶ九州旅行である。視察旅行であったが、九州各地の山間部や離島を訪れた。そしていくつも感動するような場面に出会うが、とくに後半に訪れた宮崎県東臼杵《ひがしうすき》郡椎葉《しいば》村での一週間の体験は大きかった。そこで見聞きしたことが彼を民俗学という学問へ導くことになった。それは山間地で行われている狩猟の方法である。一九〇九(明治四十二)年に『後狩詞記《のちのかりことばのき》』としてその記録を刊行した。そして、同じく一九〇八年の十一月に佐々木喜善に出会い、岩手県遠野地方の不思議な話に接するのである。この感動も大きかった。

一九一〇(明治四十三)年に『遠野物語』として刊行された。

この二つの書物によって民俗の世界の発見を世間に告げたのである。農政に挫折した柳田国男はあらたな関心をそそいでいくことになった。柳田国男が発見したのは山人《やまひと》とか山民《さんみん》と表現される山間奥地に住む人びとの生活であり、文化であった。彼らを平野部に住む稲作民から圧迫を受けて山間地に追いやられた先住民の子孫と考えた。彼らの独自の生活文化を発見し、再評価した。

民俗学の体系化

一九二九(昭和四)年にアメリカニューヨークで発生した株の大暴落は世界恐慌《きょうこう》となって世界中を席巻《せっけん》した。日本も例外ではなかった。たちまちにして日本列島を巻き込んだが、その勢いは農村恐慌として農村へしわよせとなって蓄積された。農村は悲惨な状態に陥った。もともと農政学を研究し、その実践をめざしていた柳田国男は、挫折からいったんは農政学を離れていたが、悲惨な農村の状況を知るにつれ、かつていだいていた問題意識がよみがえり、世のため、人のための学問をめざすようになった。それはけっして政策立案や対策案提言の学問ではなく、現在の状況をつくりだした歴史過程を明らかにする学問としてであった。

柳田国男が民俗学を体系化し、方法や対象を明確にするのは一九三〇年代であった。実践的課題を表明し、それが社会的に承認を受けるために、おのれの学問を個人の趣味ではなく、多くの人びとが共有する学問であることを一連の著作をとおして示した。その代表作は、一九三四(昭和九)年の『民間伝承論』、三五(同十)年の『郷土生活の研究法』である。後者の『郷土生活の研究法』での主張をみておこう。ここでは「民俗学」とはいわずに、「郷土研究」といっていることに注目したい。

郷土研究の第一義は、手短かに言うならば平民《へいみん》の過去を知ることである。社会現前の実生活に横たわる疑問で、これまでいろいろと試みていまだ釈《と》き得たりと思われぬものを、この方面の知識によって、もしやある程度までは理解することができはしないかという、我々平民から言えば自ら知ることであり、すなわち反省である。

(ちくま文庫版『柳田国男全集』二八巻、一〇～一一ページ)

私たちは学問が実用の僕《しもべ》となることを恥としていない。そうして自身にもすでに人としての疑問があり、またよく世間の要求期待を感じている。差当りの論議には間に合わなくとも、他日必ず一度は国民を悩ますべしと思う問題を予測して、できるものならそれをほぼ明らかにしておこうと企てている。（同書九三ページ）

郷土研究は人びとが知りたいこと、考えたいことに対して答をだす学問である。実際に役立つ学問である。それは一九三〇年代であれば、「何故に農民は貧なりや」が緊急課題であった。

民俗学の方法確立

現実の農民が貧しいということを認識し、その要因を過去に求め、農民の歴史を明らかにすることが郷土研究であるが、この郷土研究はどのように研究するのか。その点について以下のように述べる。

つまり文化は継続しているので、今ある文化の中に前代の生活が含まれているのである。文字に書いて残したものと比べて、史料としての価値がどれだけ違うだろうか。かりに一方は判を押した証文であり、他の一方は単なる形跡だけだから、同じに取り扱うことはできぬとしたところがもしも書いたものが何一つ残っておらぬとすれば、第二の手段としてはこちらによるの他はないのである。その上に書いた証拠というものは精確だと言っても、通例は一回限りの出来事を伝えているに反して、こちらは今日何百千人というものが、時によると一日に三回も五回も、または同じ季節にそこでもここでも、くり返して見せてくれる現実の行為である。それを寄せ集め重ね合せてみれば、存在はずっと確かになる。こういうものを残された証拠として考えて行けば、行く行くは無記録地域の無記録住民のためにも、新たなる歴史が現出して来るということ、これが私たちのぜひとも世に広めたいと思っている郷土研究の新たなる希望である。

（同書一五〜一六ページ）

過去に書かれ残された文字資料を基礎に歴史研究は行われてきた。それを疑う人はほとんどいない。しかし、文字に書き残されて今に伝えられている事象はごくわずかであり、日常生活が文字をとおしてわかるということはほとんどない。そこで、柳田国男は現在人びとが行為として行っていることを把握し、その分析・解釈をとおして歴史を明らかにする方法を説いたのである。現在の事象によって過去の歴史的展開を明らかにする方法は、現実の行為を「寄せ集め重ね合せ」るということであった。すなわち比較研究であり、柳田国男がいう「重出立証法」であった。

周圏論

比較する際の基準を発見して、研究は大きく進展した。有名な「周圏論」である。「遠方に一致」という節のタイトルで、まず沖縄の発見を説き、そして以下のように述べる。

次になお一つ我々の実験は、いわゆる計画記録の最も豊かであった中央の文化が、かえって最も多く変遷していたことと、それから距離の遠くなるに比例して、すこしずつ古い姿の消えて行きかたが遅くなっているということであった。これは机の上でも必ずしも想像し得ぬまでのことではないが、実地に当ってみた者ほどにその感は痛切でない。山奥や岬《みさき》の外や離れ島は顕著な例であるが、ただの平野でも中央の影響の久しく行き届かなかった方面には、今はまだいろいろの残留が見出される。……土佐《とさ》とか能《の》登《と》の突端とかその外の島々とかの調査が進むに従って、この南北双方の遠心的事情に、著しい一致のあることが心付かれ始めた。人知れず永く存していたことが立証せられようとしている。郷土の歴史が将来の相互の交通によって、容易に明らめ得らるべきことも疑われなくなった。これがまた近頃の沖縄研究の一つの賜物であったのである。（同書八二〜八三ページ）

ここでいうように、東西南北に中央から離れた遠方で同じような事象を発見できる。それは、中央で発生した新しい事象はそこまで到達するには時間がかかるので、いまだ古い姿が残されているという考えである。このことを実証的に明らかにして、理論化したのが有名な「蝸牛考《かぎゅうこう》」（一九二七〈昭和二〉年）である。カタツムリの方言は無数にあるが、それを整理すると、大きくデデムシ、マイマイ、カタツムリ、ツブリ、ナメクジの五つに分けることができる。その分布を地図上にあらわすと、日本列島の中央部でデデムシが使われ、そこから順次外側に向かってマイマイ、カタツムリ、ツブリ、ナメクジの順番で分布するこ

●—『郷土生活の研究法』(初版)

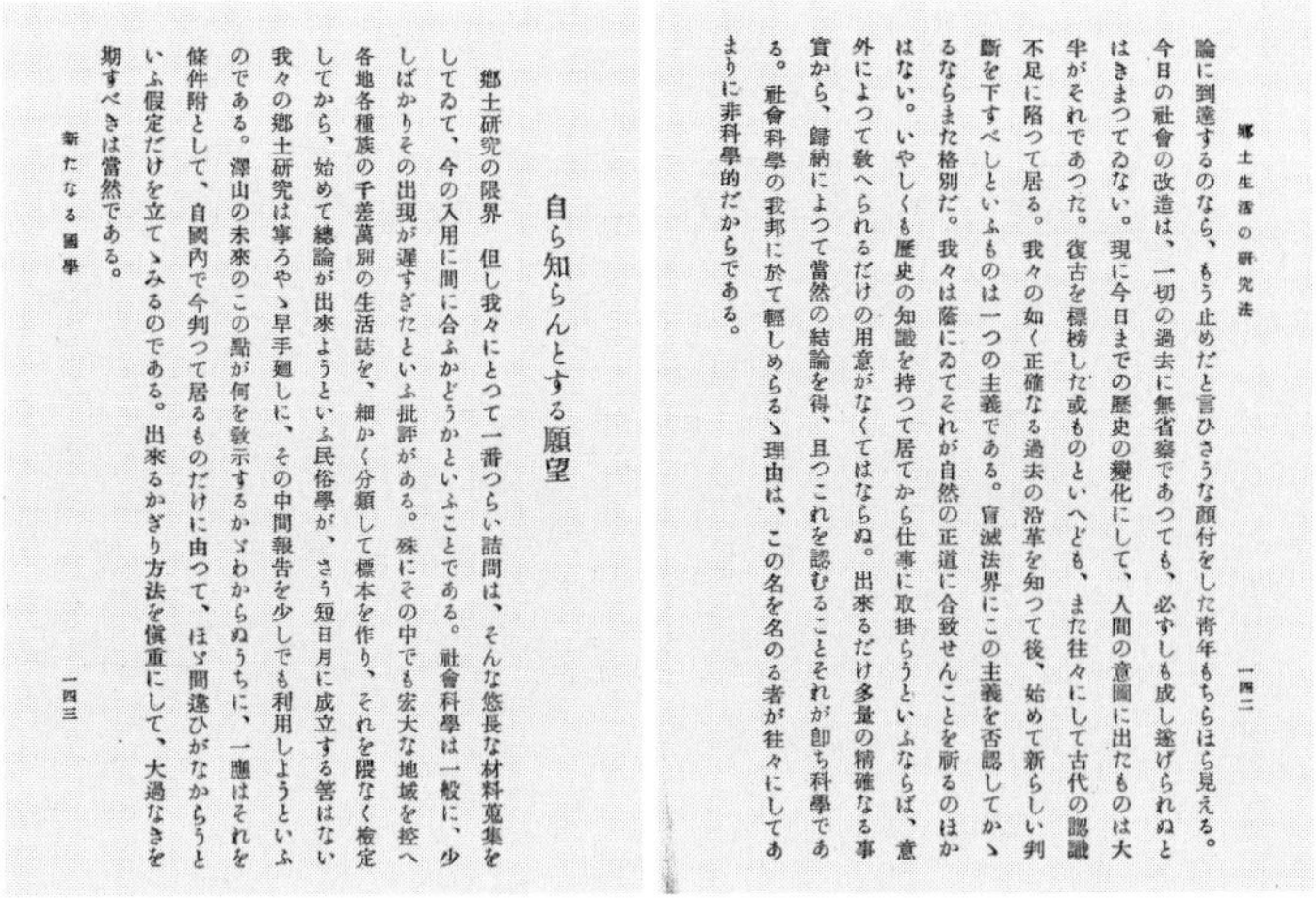
郷土生活の研究法　一四二

論に到達するのなら、もう止めだと言ひさうな顔付をした青年もちらほら見える。今日の社會の改造は、一切の過去に無省察であつても、必ずしも成し遂げられぬとはきまつてゐない。現に今日までの歴史の變化にして、人間の意圖に出たものは大半がそれであつた。復古を標榜しだ或ものといへども、また往々にして古代の認識不足に陷つて居る。我々の如く正確なる過去の沿革を知つて後、始めて新らしい判斷を下すべしといふものは一つの主義である。盲滅法界にこの主義を否認してかゝるならまた格別だ。我々は蔭にゐてそれが自然の正道に合致せんことを祈るのほかはない。いやしくも歴史の知識を持つて居てから仕事に取掛らうといふならば、意外によつて敎へられるだけの用意がなくてはならぬ。出來るだけ多量の精確なる事實から、歸納によつて當然の結論を得、且つこれを認むることそれが卽ち科學である。社會科學の我邦に於て輕しめらるゝ理由は、この名を名のる者が往々にしてあまりに非科學的だからである。

自ら知らんとする願望

郷土研究の限界　但し我々にとつて一番つらい詰問は、そんな悠長な材料蒐集をしてゐて、今の入用に間に合ふかどうかといふことである。社會科學は一般に、少しばかりその出現が遲すぎたといふ批評がある。殊にその中でも宏大な地域を控へ各地各種族の千差萬別の生活誌を、細かく分類して標本を作り、それを隈なく檢定してから、始めて總論が出來ようといふ民俗學が、さう短日月に成立する筈はないのである。我々の郷土研究は寧ろやゝ早手廻しに、その中間報告を少しでも利用しようといふのである。澤山の未來のこの點が何を敎示するかゞわからぬうちに、一應はそれを條件附として、自國内で今判つて居るものだけに由つて、ほゞ間違ひがなからうといふ假定だけを立てゝみるのである。出來るかぎり方法を愼重にして、大過なきを期すべきは當然である。

新たなる國學　一四三

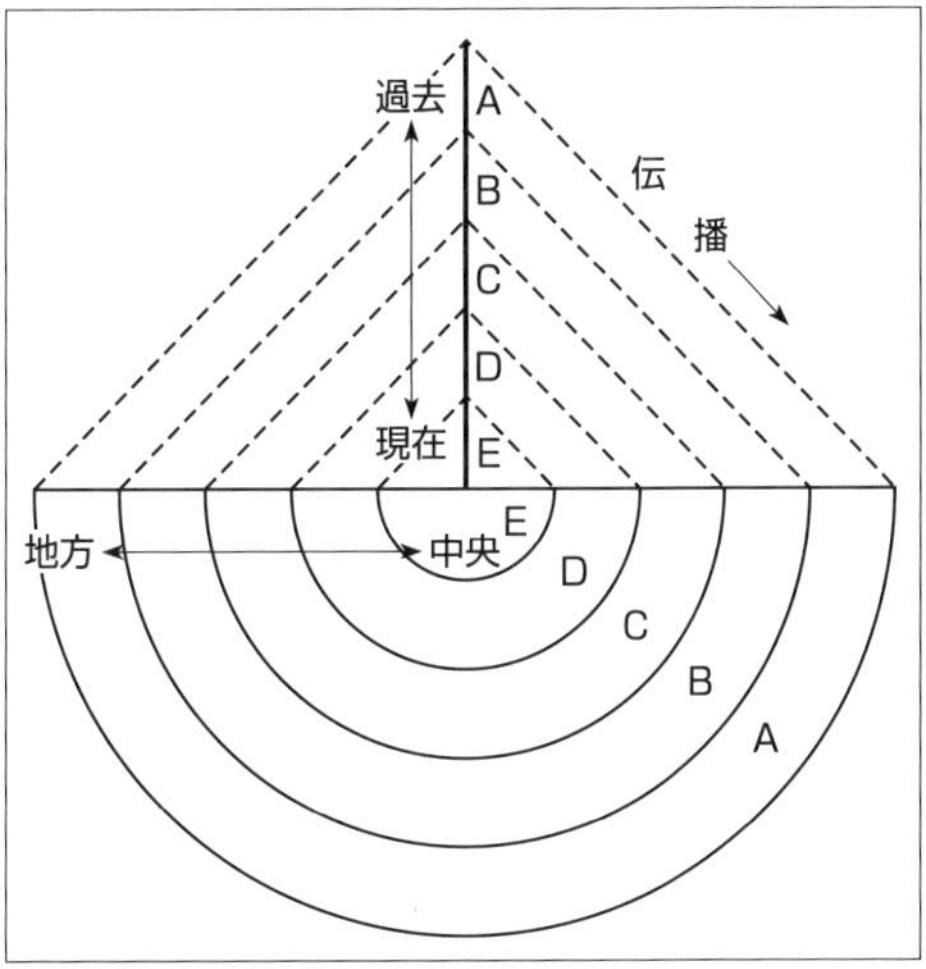

●—方言周圏論の模式図

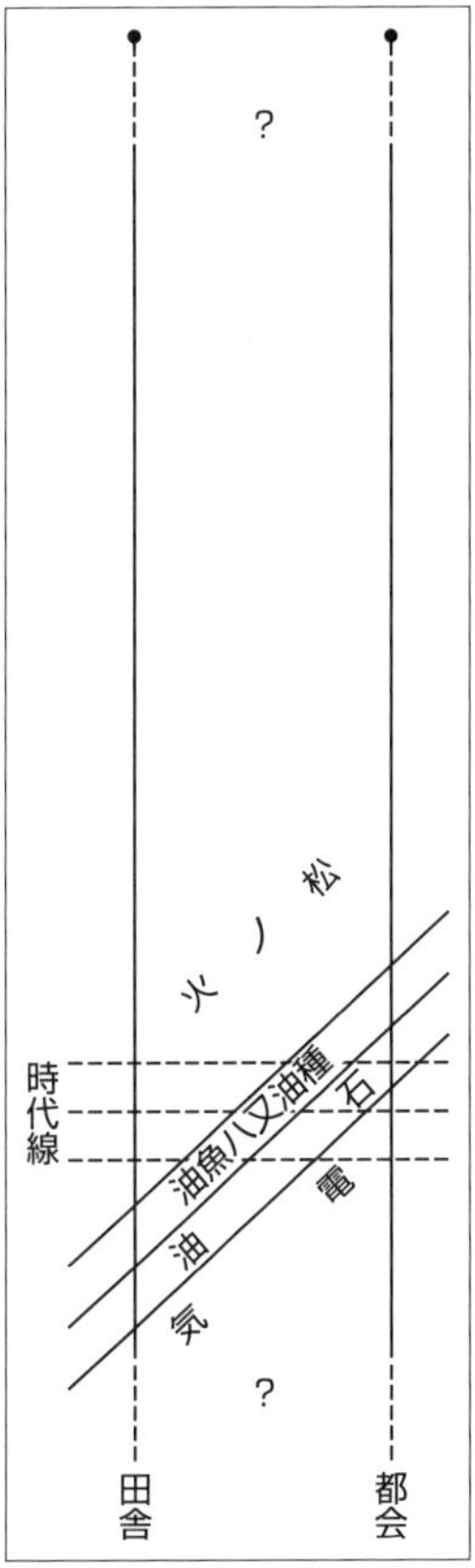

●—柳田国男が描く地域差は時間差(『定本柳田国男集』第25巻より)

とを発見し、この分布は蝸牛の方言の変遷過程を示しているという仮説を提示した。半径の異なるいくつもの同心円が描かれる分布は、その外側に分布するものほど古く、そこから内側に向かって変遷過程が示されているという仮説である。

日本人はどこからと「海上の道」

柳田国男の民俗学研究は一九一〇年代に始まり、六〇（昭和三十五）年前後にいたった。その半世紀におよぶ民俗学研究は、民俗の発見だけでなく、その民俗を資料にして人びとの日常生活の歴史を明らかにする方法を開発し、日常生活のあらゆる問題について研究成果をあげたことに特徴がある。柳田国男が日本における民俗学の創始者とか開拓者といわれるゆえんである。しかもしばしば柳田国男の民俗学が「経世済民《けいせいさいみん》」の学といわれるように、社会が解決を迫っている問題に対して解答をだす実践的な学問研究であり、そこには独自の思想が表明されており、近代日本の偉大な思想家と評価されることも多い。

第二次世界大戦後の柳田国男は、戦後改革に対して肯定的に理解して、それ

●──移築された柳田国男の書斎（長野県飯田《いいだ》市飯田市美術博物館柳田国男館）

に貢献することを指向して民俗学の研究を行った。それと同時に、事実上のアメリカ単独占領下の日本、さらには軍事占領下の沖縄に対して危機感をいだき、日本人のアイデンティティを確認するための民俗学研究を展開した。そのなかで大きな成果としてだされたのが『海上の道』である。『海上の道』は一九六一（昭和三十六）年に刊行された、柳田国男最晩年の著書であるが、そこに収録された一〇本ほどの論文は五〇（同二十五）年から五三（同二十八）年にかけて発表されている。

それらが説くのは、われわれ日本列島に居住する日本人は、はるか南の中国大陸の南から暴風によって流されてきたのが最初であり、その漂着先で宝貝をみつけ、改めて家族をともない、農具・家財道具を積み込んでやってきたという。この漂着先はいうまでもなく日本の本土ではなく、沖縄であった。そしてしばらく沖縄で生活したのち、また船に乗って北上し、日本各地に移り住んだ。われわれ日本人は沖縄を共通の先祖の地として広がったのであり、沖縄抜きには存在しえないことを「海上の道」として提示したのである。柳田国男は沖縄の民俗と日本「本土」の民俗の共通性・関連性をさまざまな点で指摘した。沖縄では神がおり、先祖たちがとどまる他界をニライカナイというが、このニライカナイははるか東方の海上にあるという。東の彼方に他界を想定する観念が日本「本土」にもあるのは、その共通性を示すものだとする。具体的には、茨城県南部の鹿島《かしま》神宮に発する鹿島信仰は、世直しの神がはるか東方の海上から船に乗ってこの地を訪れるという信仰に基礎があり、それが鹿島の弥勒《みろく》踊りとなり、また仏教の弥勒下生《げしょう》の考えと結びついたとする。さらに天皇家の祭祀《さいし》する伊勢《いせ》神宮が奈良や京都から離れて東方の伊勢の海近くにあるのも同様の理由とする。

このように、さまざまな民俗事象を資料にして、日本人が日本列島に渡ってきた「海上の道」を明らかにし、その起点としての沖縄が日本人にとって不可欠な地であることを人びとに訴えたのである。

『海上の道』は、若き柳田国男が伊良湖岬《いらござき》で波に打ち上げられた椰子《やし》の実《み》を発見した感動を基礎にもっており、その感動が晩年に花開いた説という解釈も成り立つが、そのようなロマンでのみ解釈してはならない。一九五〇年代の日本のおかれた状況に対して、危機感から警鐘をならす、実践的な研究なのである。

⑥—折口信夫

口を折って「髯籠の話」

柳田国男《やなぎたくにお》は自己の研究成果を発表するとともに、それに対応する同志をつのり、各地のデータを集めるために、高木敏雄《たかぎとしお》▲とはかって、月刊誌『郷土研究』を一九一三(大正二)年に発刊した。そこへ大阪在住の折口信夫《おりくちしのぶ》という人物から論文の投稿があった。その文章を読んだ柳田国男は驚き、対抗心を燃やした。その口を折り、姿をしのんでいる人物とは、だれか高名な人物が筆名で投稿してきたのではないかと柳田国男には思えたようである。その出だしの文章は以下のようであった。

十三四年前、友人等と葛城山《かつらぎさん》の方への旅行をした時、牛滝《うしたき》から犬鳴山《いぬなき》へ尾根伝ひの路に迷うて、紀州西河原《にしかわはら》と言ふ山村に下りて了《しま》ひ、はからずも一夜の宿を取つたことがある。其翌朝早く其処《そこ》を立つて、一里ばかり田中の道を下りに、粉河寺《こかわでら》の裏門に辿り着き、御堂《みどう》を拝し畢《おわ》つて表門を出ると、まづ目に着いたものがある。其日ちようど、祭りのごえん(後宴か、御縁

▼高木敏雄　一八七六〜一九二三年。熊本県出身。高等教育機関でドイツ語を教えるとともに、神話学を研究した。柳田国男と知り合い、二人で『郷土研究』を創刊したが、意見があわなくなり、一九一四(大正三)年には編集からおり、柳田国男の単独編集となった。

●—折口信夫

●—粉河の髯籠(右)と横たえられた髯籠

か)とのことで、まだ戸を閉じた家の多い町に、曳き捨てられただんじりの車の上に、大きな髯籠《ひげこ》が仰向けに据ゑられてある。長い髯の車にあまり地上に靡《なび》いてゐるのを、此《これ》は何かと道行く人に聞けば、祭りのだんじりの竿《さを》の尖《さき》に付ける飾りと言ふ事であつた。最早十余年を過ぎ、記憶も漸く薄らがうとしてゐた処へ、いつぞや南方《みなかた》氏が書かれた目籠《めかご》の話を拝見して、再《ふたたび》此が目の前にちらつき出した。尾芝《おしば》氏の柱松考《はしらまつこう》(郷土研究、三の一)もどうやら此に関連した題目であるらしい。因《よ》つて、自分の此に就《つ》いての考へを、少し纏めて批判を願ひたいと思ふ。

(『折口信夫全集』第二巻、一八二〜一八三ページ)

折口信夫が民俗学の世界に登場した最初の論文は、粉河の祭礼にみられる髯籠と呼ばれる、長い竹ひごをさげた装置の意味を問うものであった。それは単に髯籠の意味を考えるだけでなく、日本の祭りに用いられる装置・道具の意味を明らかにしようとする意欲的な内容であった。論文のなかで次のようにいう。

神の標山《しめやま》には必神の依るべき喬木《きょうぼく》があつて、而《しか》も其喬木には更に或よりしろのあるのが必須の条件であるらしい。併しながら依代《よりしろ》は、何物でも唯《ただ》神の眼を惹くものでさへあればよろしいといふわけには行くまい。……今少し進んだ場合では、神々の姿を偶像に作り、此を招代《おぎしろ》とする様になつた。……蓋《けだ》し我古代生活に於《おい》て、最偉大なる信仰の対象は、やはり太陽神であつた。

（『折口信夫全集』第二巻、一八五〜一八六ページ）

この文章は折口信夫という人物の非凡な能力が遺憾なく発揮されている。神が降臨《こうりん》するために人間が指定した場所が標山であり、その標山のなかの特定の一本の喬木に降臨をあおごうとした。そのための目印としてつけたのが依代であり、依代は招く神の姿を象徴的に示すものであったという大きな仮説である。すなわち、髯籠は太陽神を表現するものであった。

現在、民俗学の辞典を引くと、依代は神がよりつくものとして、神木《しんぼく》・御《ご》幣《へい》・山鉾《やまぼこ》その他あらゆるものが依代として説明されている。しかし、依代という語は折口信夫がはじめて用いた語であり、いかにも古語らしく聞こえるが、古典には登場しない語である。依代は、折口信夫の説明によると、神が降臨する喬木を他の樹木と区別するためにつけた目印であり、その目印は迎える神の姿を象徴するという。このような意味がほとんど完全に忘れられて、単に神が降臨するためのものという意味になってしまったのには重要なわけがあった。それは柳田国男との緊張した関係である。

折口と柳田

「髯籠の話」が掲載された『郷土研究』三巻二号(一九一五〈大正四〉年四月号)の文末には以下のような文章が記されていた。

○編者申す。折口君の原稿は優美な書簡体の文章であつたが、雑誌の調子を保持する為に不本意ながら書改めた。感想に亘る十数句を削つたのは相済まぬ。但し論旨には些少の異動を及ぼして居らぬ筈だが、もし著者の意に合はぬ点を注意せられたら、必ず厳密に訂正するつもりである。柱松考の著者は髯籠の問題に論及せぬ由である。柱に関して両考に相異がありとすれば、読者として却つて興味の多いことであらうと考へ、両氏に対し共に続稿の愈々《いよいよ》詳しからんことを望む。

ここで編者として登場するのはもちろん柳田国男である。柳田国男は、「髯籠の話」が掲載される前の号に、尾芝古樟《こしょう》の名前で「柱松考」を発表していた。「編者申す」でそれを述べているが、本文に戻って注意すると、「尾芝氏の柱松考(郷土研究、三の一)もどうやら此に関連した題目らしい」という表現がある。さらに本文を読んでいくと、「尾芝氏も言われた通り」という表現もでてくる。折口信夫が尾芝の文章を読んで、それに触発されて「髯籠の話」を執筆したかのようになっている。しかし、これは不自然なことといえよう。三月号に掲載された論文を読んで、刺激を受けて早速執筆したとしても、それが翌月号に掲載されることはありえないであろう。この事実は逆といわねばならない。折口信夫の「髯籠の話」の投稿を受け、その文章を読んでショックを受けた柳田国男が、あわてて論文を執筆して『郷土研究』の三月号に発表し、折口信夫の論文の掲載をその次にした。そして文中に、いかにも折口が柳田国男(尾芝古樟)の文を読んでから書いたかのような作為をした。この点は、折口信夫も述べている。

全部候文《そうろうぶん》で書いてあったが、出てみたら口語文に直してあった。先生もひまだったし、熱心だったのだが、書き直すのは大変な努力だったと思う。まだ、一面識もなかったころだったのに。

二ヶ所ほど先生が違えられたところがある。――先生の「柱松考」を先に見ていれば、私は「髯籠の話」など書かなかったろう。

（池田弥三郎『折口信夫』日本民俗文化大系2、一四七ページ）

柳田国男は緊張して折口信夫の登場を迎えたことがわかる。しかし、折口信夫は「髯籠の話」掲載の前年に東京に移り、その後柳田国男の弟子となり、師弟の関係で接し、柳田門下の第一の弟子となった。忠実な弟子であったが、研究の方法は大きく異なった。柳田は、方言周圏論に示されるように、日本各地から多くの類例を集め、その比較から研究を展開した。

それに対して、折口は一つの象徴的な事例から解釈して仮説を組み立てたのである。

折口信夫の生涯

折口信夫は、一八八七（明治二十）年二月に大阪府西成《にしなり》郡木津《きづ》村（現、大阪市浪速《なにわ》区）に生まれた。父は生薬・雑貨商を営んでいた。天王寺《てんのうじ》中学から國學院《こくがくいん》大學に進み、卒業後大阪に帰り、中学校の教員になったが、その後も研究の意欲が大きく、一九一四（大正三）年四月にふたたび東京にでた。そして研究を進め、一九一九（大正八）年一月に國學院大學臨時代理講師となり、以降、國學院大學専任講師、國學院大學教授となった。一九二八（昭和三）年四月には慶應義塾《けいおうぎじゅく》大学文学部教授もかねた。一九二九（昭和四）年四月に『古代研究』民俗学篇1・国文学篇をだした。一九五三（昭和二十八）年九月に死去した。六七歳の若さであった。

折口信夫の墓は、能登《のと》半島の羽咋《はくい》市にある。折口はもちろん能登の出身ではない。能登に暮したこともない。それにもかかわらず、墓があるのは何故であろうか。折口は生涯独身であったが、いつも誰か男性の教え子を同居させていた。その可愛がった門弟で、長期にわたって折口とともに暮したのが藤井《ふじい》春洋《はるみ》である。第二次世界大戦激化のなかで、その春洋が出征することとなった。折口は春洋を自分の養子として入籍した。春洋は硫黄島《いおうとう》の玉砕《ぎょくさい》で戦死し、その墓は郷里の能登に建立され、父としての折口も同じ墓にはいることとなった。その墓碑銘には「もつとも苦しきたゝかひに　最苦しみ死にたるむかしの陸軍中尉折口春洋　ならびにその父信夫の墓」と刻まれている。

マレビト論

折口信夫の独創性を示す概念としてマレビトがある。マレビトについての折口信夫の説明をみておこう。

まれびとの最初の意義は、神であつたらしい。時を定めて来り臨む神である。大空から、海のあなたから、或村に限つて、富みと齢と其他若干の幸福とを齎《もたら》して来るものと、村人たちの信じてゐた神の事なのである。此神は宗教的な空想には止らなかつた。現実に、古代の村人は、此まれびとの来つて、屋の戸を押《おそ》ぶるおとづれを聞いた。音を立てると言ふ用語例のおとづるなる動詞が、訪問の意義を持つ様になつたのは、本義「音を立てる」が戸の音にばかり偏倚《へんい》したからの事で、神の来臨を示すほと〳〵と叩く音から来た語と思ふ。まれびとと言へばおとづれを思ふ様になつて、意義分化をしたものであろう。戸を叩く事に就《つい》て、根深い信仰と連想とを、未だに持つてゐる民間伝承から推して言はれる事である。……

此まれびとなる神たちは、私どもの祖先の、海岸を逐うて移つた時代から持ち越して、後には天上から来臨すると考へ、更に地上のある地域からも来る事と思ふ様に変つて来た。古い形では、海のあなたの国から初春毎に渡り来て、村の家々に、一年中の心躍る様な予言《かねごと》を与へて去つた。此まれびとの属性が次第に向上しては、天上の至上神を生み出す事になり、従つてまれびとの国を高天原《たかまがはら》に考へる様になつたのだと思ふ。

（「古代生活の研究」『折口信夫全集』第二巻、三三～三五ページ）

これでわかるように、折口信夫のマレビトは日本の神の本質を示すもので、マレビトである神が毎年子孫を訪れ、幸福をもたらしてくれるのである。その神はもともとは海上遠くにいて、そこから訪れてくれる存在であったが、のちには高天原のような天空に神のありかを考えるようになったという。この海上他界が常世《とこよ》の国ということになる。正月に各家を訪れ祝言《いわいごと》を述べる芸人もまた小正月に家々を訪れる訪問者もこのマレビトの変化したものという。

依代やマレビトに示されたように、折口信夫の研究は、個別の事象への直感から獲得した仮説を設定し、それによって統一的な解釈を試みようとするものである。そこには象徴的なあり方を重視し、その本質を明らかにしようとする。柳田国男の研究が多くの類例を集積しての帰納法《きのうほう》であるといえば、折口信夫の研究は個別事象に足場をおく演繹法《えんえきほう》といえるであろう。別の表現をすれば、柳田国男は量的比較研究であるのに対して、折口信夫は質的比較研究といえるだろう。たとえていえば、一をみて十を知るという研究であった。柳田国男の民俗学は誰でもが研究できることをめざしたが、折口信夫は他人には真似ができない個性豊かな研究をめざした。民俗学に興味を示す人びとにも、個性をだした研究を勧めた。

折口信夫の仮説そのものに同意すれば、そこには無限の可能性が広がってくるが、了解できなければ単なる空想の世界ということになろう。それだけ個性豊かな研究者だったといえる。

●—宮本常一

⑦—宮本常一

「土佐源氏」

あんたもよっぽど酔狂者じゃ。乞食の話を聞きに来るとはのう……。また誰があんたをわしに所によこしなさったか……。はァ、那須《なす》のだんなか？　あの方はええ方じゃ、仏のような方じゃ。わしがここへおちついたのもあの人のおかげじゃ。婆に手をひかれて、流れ流れてここまで来たとき、あのだんなが、目が見えいではどこでくらすも同じじゃいうて、人様に迷惑かけさいせねば、かつえ(飢え)させはせんものじゃいうて、親切にして下さったので、この橋の下におちついたが、ほんに人のあまりものももろうて食うて、この橋の下でもう三〇年近うになる。

しかし、わしはあんたのようなもの好きにあうのははじめてじゃ。八〇にもなってのう、八〇じじいの話をききたいというてやってくる人にあうとは思わだった。しかしのう、わしは八〇年何にもしておらん。人をだますことと、女をかまうことですぎてしまうた。

かわいがったおなごのことぐらいおぼえているだろうといいなさるか？
かわいがったおなごか……。遠い昔のことじゃのう。

（『宮本常一著作集』第一〇巻、九九ページ）

そして色懺悔《いろざんげ》の数々の話が始まる。これは有名な「土佐源氏《とさげんじ》」の出だしの部分の一文である。橋の下の小屋に暮す盲目の乞食の独白《どくはく》を記述したものとして有名であり、一人の人間の生きざまがいきいきと描かれ、人間味あふれる文章であると、宮本常一《みやもとつねいち》を語るときには必ず紹介される。

ブーム宮本常一

近年、宮本常一を紹介したり、評論した書物が続々と出版されている。そのブームともいうべき現象を引き起こしたのは、一九九六（平成八）年に刊行された佐野真一《さのしんいち》の『旅する巨人——宮本常一と渋沢敬三《しぶさわけいぞう》』であった。その後、次から次へと宮本常一論というべき著作が刊行され、一種の宮本常一ブームとなった。どの評論もこの「土佐源氏」を収録した『忘れられた日本人』という宮本の著書を高く評価する。人間味あふれた叙述であり、これこそ民俗学の神髄を味わわせてくれるというのである。

この間の宮本常一への評価を代表する言葉が「旅」であった。「旅する巨人」「旅する民俗学者」など常套句のように、「旅」という言葉が用いられた。たしかに日本列島各地を旅したことはまちがいないし、それに関連しての文章も多い。しかし、旅をした点では柳田国男のほうがはるかに頻繁であったと思われる。柳田は日本各地を旅して、各地の研究者と交流した。それにもかかわらず柳田を旅する民俗学者とは誰もいわない。それでは、宮本常一に関しては「旅する民俗学者」という表現ははたして妥当であろうか。

宮本常一の生涯

宮本常一は一九〇七(明治四十)年八月に山口県大島《おおしま》郡家室西方《かむろにしかた》村西方(現周防《すおう》大島《おおしま》町)に生まれた。父は農業を営んでいた。一九二三(大正十二)年に大阪逓信《ていしん》講習所《こうしゅうじょ》に入所し、翌年そこを卒業して大阪の郵便局員として勤務する。その後、小学校教員になるべく師範学校の二部に入学した。そして、一九二九(昭和四)年から念願の小学校の教壇に立った。ところが、翌年には結核にかかり、療養のために休職して故郷に帰ることになった。ふたたび大阪にでてきて小学校に復帰したのは一九三二（昭和七）年であった。その小学校教員をするなかで、しだいに郷土学習に興味をいだくようになり、みずからも地域の生活を調べるようになっていった。また、故郷の祖父や両親に聞いた話をまとめて『旅と伝説』に投稿することを始めた。そして、大阪府下にいる同好の士と語らって研究会を組織した。

一九三四（昭和九）年に柳田国男《やなぎたくにお》に面会した。そして翌年の夏に東京で開催された日本民俗学講習会に出席した。そこから民俗学研究を本格的に開始した。そして一九三九（昭和十四）年に東京にでて、アチックミューゼアム▲にはいり、各地の調査を行った。戦時中には疎開《そかい》のために大阪で暮した時期があるが、一九四六（昭和二十一）年には東京に戻り、それ以降東京で暮したが、郷里での農業も続け、頻繁に郷里と東京を往復した。

一九五〇（昭和二十五）年に始まった六学会連合▲（のちの九学会連合）の対馬《つしま》調査に参加し、研究者として姿をあらわし、それ以降活躍することになった。経済的基盤をなくした日本常民《じょうみん》文化研究所（一九四二〈昭和十七〉年にアチックミュー

▼**アチックミューゼアム**　渋沢敬三が設立した研究所。渋沢は学生時代から友人たちと玩具などの収集調査を行っていたが、一九二五（大正十四）年から本格的な研究に取り組むためアチックミューゼアムを設けた。渋沢の私財による私的な研究所であり、場所も渋沢邸内の建物であった。アチックミューゼアムは、民俗・民具・文書の調査を行ったが、地方で調査を行っている人びとを応援し、またその成果が公刊できるように支援した。また漁業・漁村の調査研究に力をいれ、柳田国男の民俗学とは異なる活動を展開した。一九四二（昭和十七）年に日本常民文化研究所と改称した。戦後は渋沢の公《こう》職追放《しょくついほう》、財閥解体《ざいばつかいたい》によって基盤を失い、財団法人となって存続がはかられたが、生きづまり、一九八三（昭和五十八）年に神奈川大学付置の研究所となった。

ゼアムが日本常民文化研究所と改称)を見捨てることなく、その一員として活動した。戦後の日本常民文化研究所が残した大きな仕事は、『絵《え》巻物《まきもの》による日本常民生活絵引《えびき》』の編纂である。日本中世の絵巻物を素材に、その物語のストーリーではなく、そこに描かれた事物を生活史の資料として活用するためのインデックスを絵引という方式で編纂した。発案は渋沢であったが、実際に絵巻物から絵をぬきとり、描かれた事物に名称をあたえ、絵のなかの事物の組合せから関係を読みとって解読する作業は宮本が中心になって行った。一九五三(昭和二十八)年全国離島振興協議会事務局長に就任した。全国の離島の市町村を組織し、「離島振興法▲」による補助金行政の窓口になる組織であった。

宮本の存在が有名になったのは、一九五七(昭和三十二)年に『風土記《ふどき》日本』全七巻、五九(同三十四)年に『日本残酷物語』全七巻の編集にあたったことによる。『風土記日本』は話題を呼んだ。名もなく慎ましやかに暮す各地の人びとをいきいきと描いた。さらに、『日本残酷物語』では、差別され、無視され、しいたげられた人びとに焦点をあてて、その生活を具体的に記述した。いずれも宮本単独の著作でも編書でもなく、彼は編集委員の一人であったが、その内容には宮

▼六学会連合　第二次世界大戦後に組織された人文・社会科学系の学会連合組織。渋沢敬三の提案によって一九四七(昭和二十二)年に六学会連合として発足し、順次増加して九学会連合となった。参加学会は日本人類学会・日本社会学会・日本考古学会・日本言語学会・民間伝承の会・日本民族学協会・日本地理学会・日本宗教学会・日本心理学会。一九五〇(昭和二十五)年から地域を特定して共同調査を行い、報告書を刊行した。その最初が対馬調査であった。

▼離島振興法　一九五三(昭和二十八)年に成立・施行された、離島の生活・生産条件の向上を図る法律。港湾施設・漁業施設・道路などの整備・建設に補助金をだして、離島の生活環境を向上させてきた。当初は一〇年間の時限立法であったが、その後も一〇年ごとに改正されつつ存続している。

本の意向や判断が大きく働いていたことは明らかであった。「土佐源氏」も一九五九年に刊行された『日本残酷物語』第一巻に収録された文章である。一九六〇（昭和三十五）年には有名な『忘れられた日本人』を著わした。

一九六五（昭和四十）年に武蔵野《むさしの》美術大学教授に就任した。伝えられるところによると、念願かなって大学教授になったと述懐したという。翌年には日本観光文化研究所所長となった。近畿日本ツーリストが設立した旅と観光に関する研究所であるが、内容的には民俗学的な色彩が強かった。一九七七（昭和五十二）年に武蔵野美術大学を定年退職したが、その間多くの研究者を育てた。とくに民具研究に従事する研究者の養成に力をそそいだ。一九八一（昭和五十六）年一月三十日死去した。

柳田国男と渋沢敬三

一九三四（昭和九）年に柳田国男が京都大学に集中講義に来た。その集中講義を前にして柳田から宮本に一枚のはがきが届いた。宿泊先や予定が書いてあり、あいたいという内容であった。その誘いに応じて宮本は柳田の宿を訪れ、はじめて面会した。これが民俗学研究を本格的に志す契機となった。それまで一人だけで興味のままに調べていた宮本に対して、柳田は大阪在住の民俗研究者の情報を教え、連絡をとるようにと指示した。そこから大阪民俗談話会▲が組織され、定例会合が開かれるようになった。中心人物は医者の沢田四郎作《さわだしろうさく》であった。宮本は大阪の民俗学研究の担い手であった。

　翌年の三月に大阪民俗談話会に突然出席した渋沢敬三にあうことになった。柳田・渋沢という民俗学を牽引していた二人の人物にあうことで、宮本の民俗学は本格的に開始されることになった。宮本が著わした最初の民俗についての書物は『周防《すおう》大島を中心とした海の生活誌』(一九三六〈昭和十一〉年)であり、故郷周防大島の生活を思い出と聞書きから描きだした。二冊目は『河内国滝畑左近《かわちのくにたきはたさこん》熊太翁旧時談《くまたおうきゅうじだん》』(一九三七〈昭和十二〉年)である。滝畑村(現河内長野市滝畑)の左近熊太という老人のもとにかよい、滝畑の生活を子細に聞き、記録したものである。民俗調査の報告書とか民俗誌は、大部分が複数の人から聞書きを行い、それを総合させて、地域の民俗総体を描く。それに対して、特定の個人からの聞書きのみで地域の生活を描き切ったのが『河内国滝畑左近熊太翁旧時談』である。

▼**大阪民俗談話会**　大阪で組織された民俗学研究団体。柳田国男と個別に交流していた関西在住の人びとが、一九三四(昭和九)年秋、会合を開いたことから始まる。一九三六(昭和十一)年に民間伝承の会大阪支部と改称し、翌三七(同十二)年には近畿民俗学会となった。

このような特定の個人に注目し、その個人の体験を基礎において民俗をとらえる宮本の特徴がすでに示されていた。

渋沢敬三は日本各地の民俗研究をめざす篤学《とくがく》の士を発見し、支援をした。宮本も渋沢敬三の眼鏡にかなった期待される人物であった。宮本の『周防大島を中心とした海の生活誌』と『河内国滝畑左近熊太翁旧時談』はともにアチックミューゼアム彙報《いほう》の一冊として刊行された。それ以降、渋沢の誘いで調査にも参加するようになった。そして、渋沢は宮本を東京へ誘った。一九三九(昭和十四)年十月に東京へでてアチックミューゼアムの一員になった。渋沢敬三の屋敷内のアチックミューゼアムに住み、そこを拠点に調査にでかけた。

多くの研究者は柳田国男と渋沢敬三という二人の大物と同じように交流することはできなかった。初めは柳田から教示をえていても、渋沢と知り合い、アチックミューゼアムに関係するようになると、柳田のもとを離れ、疎遠になるのが普通であった。早川孝太郎《はやかわこうたろう》▲などは柳田の紹介で渋沢にあい、渋沢の援助をえて『花祭』を出版できたのであるが、その結果、柳田とは疎遠になってしまった。それに対して、宮本常一は異なった。渋沢のアチックミューゼアムの一員

▼**早川孝太郎**　一八八九〜一九五六年。民俗学者。愛知県新城《しんしろ》市出身。一九三〇(昭和五)年に大著『花祭』を著わす。柳田国男に教わり、その後アチックミューゼアム同人となって、民具研究を開拓。

となり、渋沢の屋敷に暮すようになっても、柳田のもとへかよっていた。柳田も親しく宮本に接していた。その人柄のゆえであろう。

宮本常一の民俗学

宮本には多くの著作がある。現在もいまだ完結しない著作集はすでに四七巻を数えている。その最初はアチックミューゼアムから刊行された調査報告書であるが、一九四二(昭和十七)年には『民間暦《みんかんれき》』、四三(同十八)年には『村里を行く』を著わした。戦後も量産体制で次から次へと著書を刊行した。それらはいずれも専門の研究書の体裁を採用せず、一般の読者が読むことができる内容であった。現在なお多くの読者を獲得し、また高く評価されるゆえんである。しかし、その著述内容を民俗学として検討することはあまり行われていない。以下で宮本の研究の特色をいくつかみておこう。

(1)歴史研究

宮本の民俗学は歴史研究であった。柳田国男をはじめ多くの民俗学研究者とその点では同じであるが、宮本は時間軸を重視し、時代との関係で民俗を把握した。とくに開発や開拓の過程が生成して今に残している民俗を重視した。

(2)意識・観念・象徴のない研究

宮本の研究は観念的・抽象的解釈を排して、目に映る事象に即して実体を把握し、理解することに中心があった。民俗事象から思想や観念・意識・感覚を抽出する作業は行わなかった。その点では心意という概念を設定して重視した柳田の研究とは大きく異なっていた。宮本の研究は生活の歴史を把握する研究であった。いたずらに抽象化して観念的に論じることをしないのが宮本の研究である。そのことが常民という用語をまったく用いず、民俗の担い手も民衆と表現したところにあらわれている。

眼に映ずるものの研究は写真を重視したことに示された。民俗学研究者のなかでカメラを調査に持参し、多くの写真を撮影した先駆的な存在である。人びとの日常生活をスナップ写真として大量に撮影した。そのなかにはいきいきした人びとの生活、そのなかでの人びとの表情が写しだされている。

(3)概念・用語・仮説を必要としない研究

宮本の研究は理論化をめざさない。一般に社会科学的な研究は、事象を資料に基づいて分析し、解釈して、一定の仮説を提示する。民俗学においても多くの研究は調査結果を分析し、あるいは日本列島全体から集積した資料を分析して、解釈し、仮説を提示してきた。ところが宮本の著書には、そのような仮説の提示はほとんどない。いわゆる宮本学説というものはだされていない。あるいは折口信夫の依代やマレビトに相当するような、宮本語彙も存在しない。ごく常識的な表現で文章を記述している。読者にわかりやすくするための配慮であろう。特別に概念を設定したり、特殊な用語を用いない、親しみのある文章でわかりやすく表現することに努力した。

⑷個人の営為を重視する研究

初期の著作である『河内国滝畑左近熊太翁旧時談』にすでに示されていたように、個人からの聞書きを重視した。個人の体験や見聞を重視し、地域の民俗に一般化せずに個別に把握した。いいかえれば、個人の生きざまを把握する記述を行った。したがって、民俗誌とはいわなかった。民俗誌ではなく生活誌であった。有名な『忘れられた日本人』はそのような個人の営みを正面から取り上げている。

(5)物質の重視

人びとの生活を実態として把握し、歴史的変遷を考えようとする研究であった。宮本自身が故郷の周防大島において農業生産を行い、さまざまな工夫を重ねていた。その自己の体験を基礎に、日本各地の農業生産技術を把握した。そして、技術と一体のものとして用具があった。渋沢敬三が命名した民具が宮本の重要な関心対象であった。宮本は民具研究の開拓者となり、教え子たちのなかから多くの民具研究者が輩出した。

(6)社会に役立つ実践的研究

宮本の研究は象牙の塔のなかで行うものではなかった。民俗学研究者のなかには、在野の研究者であっても、研究のための研究という研究至上主義の姿勢を採用する人が少なくない。これは柳田国男の姿勢とは大きく異なった。柳田国男論者がレッテルとして貼った「経世済民《けいせいさいみん》」が表現するように、世のため人のための学問を標榜した。しかしこの目標は忘れられた。その点、宮本は実践的な民俗学を守ったといえる。実際に役立つ民俗学をめざした。柳田は理論的に、あるいは理念的に社会に役立つことをめざしたが、宮本は具体的なレベルで役立つ研究をめざした。行政や政府と関係をもって研究することに忌避の観念はなかった。行政・政府・国家、あるいは時には企業をも取り込む活動を展開した。また日本各地は単なる調査対象ではなかった。現地に役立つことをめざして研究を展開した。さまざまなことで地元の人たちに助言をし、参考事例を提供した。離島振興協議会事務局長として離島振興のために努力したこともその使命感の表れであった。

(7)西日本に親しみをもつ研究

宮本の出身は周防大島であり、教員としてつとめたのは大阪であった。生活感覚は西日本でつちかわれた。したがって、記述も西日本が多く、東日本の記述は少ない。例外的にでてくるのは佐渡である。佐渡を除けば、西日本の漁村が記述対象となっている。西日本に親しみを感じる記述が多い。日本列島の地域差を考える際に、西日本に視点をおいて記述することはそれほど多くない。その点で注目してよい点である。

聞書きの記録か創作か

冒頭に引用した「土佐源氏」の文章は、土佐の老人が語ったことを忠実に記録したかのような表現になっている。もちろん聞書きの記録をそのまま再現したものでないことは明白である。話の内容が読者にわかるように、話の配列を変えていると推測される。しかし、記述された文章そのものは老人の語ったものであると久しく思われていた。そして、高い評価をえてきた。

ところが、近年はこの記述には問題があることが指摘されるようになった（井出幸男「『土佐源氏』の成立」）。問題点の一つは、宮本の聞書きの相手、すなわち実際の話者と宮本の記述に登場する人物のあいだには大きな相違があることが明らかにされた。宮本が聞書きをした相手は山本鎚造《やまもとつちぞう》といい、まちがいなく高知県高岡《たかおか》郡檮原《ゆすはら》町に住んでいた。若いときには博労《ばくろう》をし、聞書きした当時は盲目であった。しかし、事実は橋の下に住む乞食ではなく、橋のたもとに妻子と一緒に住み、水車経営をしていたという。感動を高める効果を狙って、水車経営から橋の下に住む乞食におきかえたものと推測され、そこに宮本の創作性があり、また虚構があるといえる。

さらに、記述された語りが必ずしも土佐の方言ではなく、宮本の郷里周防大島の言葉がまじっていることも明らかになった。すなわち、聞書きそのままに語りが記述されているのではないという点である。宮本が書いた文章であり、そこに宮本の創作という面が強く示されていることになる。その考えを裏づけるのが、「土佐源氏」と同じ内容・筋立ての文章が古くからポルノ小説として印刷されていたことである。いつごろ出版されたかは地下出版なのでわからないが、「土佐乞食のいろざんげ」というタイトルの作品である。この地下出版のポルノ小説と「土佐源氏」を比較してみると、いくつかの出入りはあるが、基本的には同一内容・同一表現であることがわかる。おそらくは両者とも宮本が書いたものであろう。

一方は評判高い聞書き、一方は地下出版のポルノ小説であるが、発表された場に惑わされなければ、同じように評価できるはずである。そこに人間性を高らかに謳《うた》う宮本の創作能力の高さを評価することに意義があろう。

●──瀬川清子

⑧──瀬川清子

海女の生活

日本近代の学問研究はどの分野においても男性中心に展開してきた。女性研究者はほとんど存在せず、男性が独占してきた。これは随分改善されたとはいえ、基本的に現在でも変わらないといってよい。民俗学は野の学問として形成されたことによって、日本のアカデミックな研究体制とは異なったはずであるが、やはり男性中心の社会体制に規制されて、研究は男性によってほぼ独占されてきた。そのなかで数は少ないが早い段階から民俗学研究に活躍した女性がいる。その代表が瀬川清子《せがわきよこ》である。

夏になると、ここにも遊覧客が沢山来ます。

「あれでも旦那《だんな》があるのか」

などと言って見ている紳士もありますが、私どもが真っ黒になって海に潜っているから、そういうのでしょう。

ここは女が、旦那よりも常稼《じょうかせ》ぎの多い所で、五、六ヵ月の間は毎日海に入りさえすればお金がとれます。ここの漁師は、夏場の稼ぎがないので、まる四ヵ月は仕事をしません。でも女がどんなに稼いでもいばるっていうことはありません。房州の嬶《かかあ》天下と西風が名物だっていいますが、いばってる人はありません。そうしてちっとでも多く貝をとったり石花菜《てんぐさ》を取ったりして旦那に煙草《たばこ》買ってやるお金が出来るのがたのしみで、夏でも

「心配さっしゃるな、ふっくらしていらっしゃい」

と言います。力づけるわけです。ここの男はそんなに遊んでいない。西の方には男が酒をのんでひょろひょろしとるところもあるといいます。

昔は鮑《あわび》がようとれたかして、男に舟を漕いで貰って、女が鮑を取れば、男は半シロ、女は一シロという分けまえだったといいよりました。あの女は、亭主持つそうだが、亭主の扶持《ふち》が出来るかしら、と噂するほどで、女が稼いで、男に楽をさしとったといいよります。それというのも、浜に力があるからです。陸なら田地がよいというわけで、貝や石花菜が取れるので、ここは昔から女の仕事が多いのです。

（瀬川清子『海女《あま》』一九七〇年、一五〜一六ページ）

瀬川清子もまた聞書きの達人であった。ここで引用したのは千葉県南端部の安房《あわ》にでかけて、海女の人たちから聞書きした内容である。具体的な生活や生産の様相が語られている。そこには女性たちの力強い生活が浮かび上がってくる。女性たちの労働が家の経済を支え、夫にも小遣いの面倒をみるという。『海女』という著書は、志摩《しま》、越前《えちぜん》、能登《のと》舳倉島《へぐらじま》、丹後《たんご》袖志《そでし》、長門《ながと》大浦《おおうら》など日本各地の海女集落を訪れ、海女たちから話を聞き、記録したものである。聞書きをしたのはほとんどが一九三〇年代であり、今となっては話を聞くこともできない内容を、実際に現場に立って目で確かめつつ、記録しており、貴重である。

瀬川清子の人生

瀬川清子は一八九五(明治二十八)年十月に秋田県鹿角《かづの》郡毛馬内《けまない》町(現、鹿角市)で、岩船源太郎《いわふねげんたろう》の長女として生まれた。地元の尋常《じんじょう》高等小学校をでて、資格試験に合格して一九一〇(同四十三)年に小学校の教員となった。そして二三歳のときに、やはり小学校の教員であった瀬川三郎《さぶろう》と結婚し、瀬川姓となった。一九二二(大正十一)年、瀬川清子は二八歳のとき、退職して家族で東京にでた。

夫婦ともに東洋《とうよう》大学に入学した。一九二五(大正十四)年に東洋大学専門部倫理学東洋文学科を卒業し、東京での教員生活を始めた。

一九三三(昭和八)年、三九歳のとき、夏休みを利用して、能登半島北方の舳倉島▲を訪れ、そこで約三週間海女たちとともにすごした。そして見聞きしたことを記録したのである。舳倉島を訪れたのは、『アサヒグラフ』に掲載された舳倉島の海女の写真に魅了されたからである。民俗学の素養などはまったくなかった。舳倉島の見聞を「舳倉の海女」と題した文章にまとめ、柳田国男《やなぎたくにお》と比嘉《ひが》春潮《しゅんちょう》▲が編集する『嶋』に投稿した。柳田国男は瀬川清子の文章を読んで敬服し、瀬川清子を自宅での会合に出席するように誘った。ここに民俗学研究者としての第一歩を踏み出すことになった。投稿した文は翌年四月に『嶋』一九三四(昭和九)年前期号に掲載された。

一九三四年から柳田国男は「山村調査」を開始した。『採集手帖』という質問を一〇〇項目印刷した共通の調査ノートを持参して、日本各地の山間部の農村にはいり、原則二〇日間滞在して調査を行い、柳田国男のもとに報告するという調査であった。日本全国で四年のあいだに約五〇カ所が調査された。調査に参

▼**舳倉島**　石川県能登半島沖に浮かぶ島。輪島《わじま》市に属すが、市街地からは約五〇キロ離れ、海上を船で行き来しなければならない。アワビ・サザエ・テングサなどが採れ、輪島の海士《あま》町に居住する海女たちが夏期に滞在して採取してきた。

▼**比嘉春潮**　一八八三〜一九七七年。沖縄出身の民俗学者。一九二一(大正十)年に沖縄に旅した柳田国男と会い、その指導を受けつつ、沖縄の歴史と民俗の研究を行う。

●──舳倉島の海女

加したのは柳田国男の家に出入りして、柳田国男から指導を受けていた直門の弟子たちであったが、参加したばかりの瀬川清子もその一人となった。一九三四年八月、翌年正月と千葉県君津《きみつ》郡亀山《かめやま》村を訪れている。そして、これ以降、盛んに各地を旅して聞書きを行った。「山村調査」の一環として愛知県北設楽《きたしたら》郡振草《ふりくさ》村・香川県三豊《みとよ》郡五郷《ごごう》村などの山間の村も訪れたが、とくに重点的に訪れたのは西南日本の沿岸村落であった。「山村調査」の終了後、引き続き「海村調査」が実施されたが、その中心人物として瀬川清子はいた。千葉県安房郡富崎《とみざき》村・千倉《ちくら》町・長尾《ながお》村、静岡県賀茂《かも》郡南崎《みなみさき》町、愛知県知多《ちた》郡日間賀島《ひまかじま》など、全三〇カ所の調査地のうち、一四カ所が瀬川によるものであった。とくに、最終年度となった一九三九(昭和十四)年度には全九カ所のうち七カ所が瀬川による調査であった。いかに重要な役割を果たしていたかがわかる。戦時体制のもとで男子が徴兵《ちょうへい》その他で活動しにくくなってきた状況で、瀬川は柳田国男門下においての不可欠な存在になっていた。

そして、柳田国男直門の一人として民俗学研究を担うようになった。民間伝承の会主催の日本民俗学講習会で講師をつとめ、また各種の講演を行った。第二次世界大戦後も引き続き、民俗学研究を熱心に行った。一九五一（昭和二十六）年から五四（同二十九）年にかけて北海道のアイヌ調査を行った。このアイヌ調査も民俗学研究者としては先駆的である。柳田国男は初期の段階ではアイヌを視野にいれていたが、確立期には完全に排除していた。日本民俗学は日本列島の民俗学であるが、一国民俗学としての確立が日本語を用いないアイヌの人びとを排除してしまった。柳田の意向をくんだ門弟たちはアイヌの人びとを調査したり、研究したりすることはなかった。その点で、瀬川の長期にわたる北海道でのアイヌ調査は注目すべきものがある。また一九五九（昭和三十四）年八月には二カ月間におよぶ沖縄調査を実施した。一九六〇（昭和三十五）年四月に大妻《おおつま》女子大学教授となった。年齢はすでに六六歳であり、遅い就職であった。一五年間つとめ、八〇歳で一九七四（昭和四十九）年に大妻女子大学を退職した。その後も女性民俗学研究会▲を主宰し、研究を進めていたが、瀬川の人柄のゆえか多くの女性たちが集まっていた。一九八四（昭和五十九）年に八九歳で亡くなった。

▼女性民俗学研究会　女性の民俗学研究団体。柳田国男の肝煎《きもいり》で組織された女性民俗学研究会に始まる組織。女性としての特質を基礎に民俗学研究を行うことをめざして活動した。一九五六（昭和三十一）年に『女性と経験』を創刊し、六〇（同三十五）年には休刊したが、七六（同五十一）年には復刊し、現在も存続している。

女性の目から捉える民俗

瀬川清子は多くの著書を著わしている。書名をたどっていくと、いずれも女性の生活に関する聞書きを中心とした書物であることがわかる。とくに衣食を中心とした日常生活を女性の視点から把握している。衣料の製作や調理のことは男性研究者はほとんど興味を示さず、記録されることもあまりなかった。瀬川はそのような日常生活を詳細に聞き、多くの著作として著わした。

『きもの』一九四二(昭和十七)年十一月
『海女記』一九四二年十一月
『販女《ひさぎめ》――女性と商業』一九四三(昭和十八)年十月
『日間賀島民俗誌』一九五一(昭和二十六)年五月
『海女』一九五五(昭和三十)年九月
『食生活の歴史』一九五六(昭和三十一)年三月
『婚姻覚書』一九五七(昭和三十二)年六月
『しきたりの中の女』一九六一(昭和三十六)年一月
『女のはたらき――衣生活の歴史』一九六二(昭和三十七)年十一月

『食生活の歴史』一九六八(昭和四十三)年八月
『沖縄の婚姻』一九六九(昭和四十四)年十一月
『村の女たち』一九七〇(昭和四十五)年四月
『アイヌの婚姻』一九七二(昭和四十七)年三月
『若者と娘をめぐる民俗』一九七二年十二月

研究者瀬川清子

瀬川清子は民俗学研究者としてあらたな研究を展開したことも忘れてはならない。各地の海村調査を行うなかで若者組《わかものぐみ》について関心をいだき、多くの資料を集積した。それらの分析をとおして、通説を疑い、あらたな仮説を提示した(瀬川清子『若者と娘をめぐる民俗』)。

若者組と若者仲間の明確な区別である。柳田国男も含め、従来の研究者は、ムラには若者組があり、それに対応して娘組があり、若者組と娘組の集団的な交際のなかからカップルが生まれ、結婚にいたると考えられてきた。ところが、各地の様相をみるに、ムラには若者組というべき加入脱退が明確に制度化されている組織があると同時に、加入脱退年齢や儀礼は明確でない、宿での生活が中心で、結婚後はこなくなるような若者仲間というべき組織が併存してきた。後者の若者仲間が、娘たちとの交際する組織であり、結婚への機能を果たしていたということを指摘した。

さらに若者組も、結婚時に脱退するような青年型若者組と結婚後も加入を続ける青壮年型若者組があることを指摘した。前者は該当年齢の青年が全員加入であるが、後者の青壮年型若者組は長男のみの加入とか次・三男と差別する例が多いことに注目した。

通説や常識に対して批判的な検討を加え、新しい仮説を獲得した。そこには聞書きのみで評価してはならない、研究者瀬川清子が浮かび上がってくる。瀬川を女性の目による細やかな民俗調査を行った人物としてのみ理解することはまちがいであり、資料を集積し、分析し、仮説を提示する研究者としての存在を認識しなければならないであろう。

▼和歌森太郎　一九一五〜七七年。歴史学者・民俗学者。柳田国男に師事し、民俗学の調査研究に取り組む。『国史における協同体の研究』（一九四七年）をはじめ、民俗学と歴史学を融合させようと試みた著書が多い。また『日本民俗学概説』（一九四七年）で独自の民俗学理論を説いた。長く東京教育大学につとめ、東京教育大学を民俗学研究の一つの拠点とすることにつくす。

▼直江広治　一九一七〜九四年。民俗学者。学生時代に柳田国男に師事し、戦後大学に勤務する数少ない民俗学研究者として活動。屋敷神を中心とした民間信仰を研究。また、中国の民俗研究も行い、その分野での先駆者。東京教育大学、筑波大学、清泉女子大学に勤務。

⑨——アカデミック民俗学への道と研究者群像

専門教育の開始

一九五八（昭和三十三）年に東京教育大学文学部と成城《せいじょう》大学文芸学部で民俗学のコースが開設され、日本における民俗学の専門教育が開始された。それから半世紀がすぎ、民俗学も大学で学び、大学で研究するのが当然ということになった。民俗学研究者の集まりである日本民俗学会も大学教員や大学院生が中心的な担い手になった。今や民俗学も他の社会科学や人文科学と変わらない存在となった。アカデミック民俗学ということができよう。

在野の学問としての民俗学は、個性豊かな多様な人物が、自己の興味関心からこの学問にはいり、みずからの判断を重視して、民俗学を開拓してきた。その個性に注目して紹介することが十分に意義あることといえる。それに対して、大学で学び、大学で研究する民俗学研究者は、そのような個性が弱められ、学問的方向や秩序に従って研究に取り組むことが当り前になった。個性を発揮して研究に取り組む人物は少なくなった。しかし、過渡期といえる一九五〇年代までは、大学で研究しながら、まだ個性豊かな人びとがいた。大学での研究室創設に関係した人、「中央」の学会活動を盛り上げた人、各地民俗学会の活動を発展させた人など多くの民俗学研究者がいた。

関東の大学

大学で民俗学を学び、また大学に職をえて民俗学の研究を行う人は第二次世界大戦後登場した。東では東京教育大学と國學院《こくがくいん》大學において、民俗学を学び、また大学教員として民俗学を研究した人びとが輩出した。東京教育大学では和《わ》歌森太郎《かもりたろう》▲がその草分けであり、彼の影響下に直江広治《なおえひろじ》▲・桜井徳太郎《さくらいとくたろう》▲・竹田旦《たけだあきら》▲など民俗学研究所を担った人びとが、東京教育大学教員としても活躍し、一九五八(昭和三十三)年には専攻学生を迎えることとなった。また萩原竜夫《はぎわらたつお》▲・北見《きたみ》俊夫《としお》・亀山慶一《かめやまけいいち》などが研究を展開したし、地理学からは千葉徳爾《ちばとくじ》▲が登場した。千葉徳爾は戦時中に柳田国男《やなぎたくにお》のもとに出入りし、早くから民俗学への関心を高めていた。他方、國學院大學では国文学に身をおきつつ、民俗学の研究をした人びとがいたが、折口信夫《おりくちしのぶ》の影響下にあり、必ずしも民俗学であることを表明

▼**桜井徳太郎**　一九一七〜二〇〇七年。民俗学者。新潟県出身。民間信仰・講集団・シャーマニズムの研究を進めた。民俗学は日本人の民族性を追究するという提案をはじめ、民俗学に新しい概念・枠組みを導入した。長く東京教育大学に勤務し、のち駒澤大学の学長に就任。

▼**竹田旦**　一九二四〜。民俗学者。愛知県出身。家族・親族を中心とした社会組織の民俗学的な研究を行う。とくに、隠居制の研究を進めた。また韓国民俗の調査研究を行った。長く東京教育大学に勤務し、その後、茨城大学、創価大学などに勤務。

▼**萩原竜夫**　一九一六〜八五年。民俗学および日本中世宗教史研究者。中世に展開した祭祀組織の研究を、民俗調査の成果と文書史料を総合することで行った。とくに宮座研究に大きな成果を示した。東京学芸大学、明治大学に勤務。

しなかった。そのなかにあって、大学では非常勤講師であったが、民俗学研究会を組織し、学生たちを指導した井之口《いのくち》章次《しょうじ》がいる。國學院出身の民俗学研究者は、その多くが國學院大学民俗学研究会「卒業」である。伊藤《いとう》幹治《みきはる》・坪井《つぼい》洋文《ひろふみ》▲など、個性豊かな研究者が活躍した。

大学での専門教育が普及するまでの過渡的な形態が民俗学研究会というサークル活動で民俗学を学ぶことであった。國學院大学・早稲田《わせだ》大学・東洋《とうよう》大学・中央《ちゅうおう》大学・都留《つる》文科大学など関東地方の多くの大学には民俗学研究会が組織されていた。民俗学の研究者や各地の民俗調査を行う人はこれら民俗学研究会の「卒業」であることが多かった。民俗学研究会の活動は八〇年代以降急速に弱まり、多くの研究会は解散するにいたった。

関西の大学

関西では、戦前に京都大学が民俗学研究の拠点であった。西田《にし だ》直二郎《なお じ ろう》のいた国史学教室で民俗学を学び、研究する人が登場した。柴田《しば た》實《みのる》▲・平山敏治郎《ひらやまとし じ ろう》▲・竹田聴洲《ちょうしゅう》▲・高取正男《たかとりまさお》▲などである。また五来重《ご らいしげる》▲も独自の民俗学を展開した。

▼**千葉徳爾**　一九一六〜二〇〇一年。地理学者・民俗学者。早くから柳田国男に師事し、地理的な視点を導入して民俗研究を行う。民俗学方法論においても自然科学的な思考を背景に独自の理論を展開した。信州大学、愛知大学、筑波大学、明治大学に勤務した。

▼**坪井洋文**　一九二九〜八八年。民俗学者。柳田国男の稲作文化中心の日本理解に対して異論を唱え、正月に餅を食べず、イモ・ソバ・うどんなどを儀礼食とする地域や家の存在に注目し、畑作文化の伝統を明らかにした。國學院大學に長く勤務し、のち国立歴史民俗博物館民俗研究部長をつとめた。

▼**柴田實**　一九〇六〜九七年。歴史学者・民俗学者。研究の中心は古代・中世文化史であるが、石《せき》門心学《もんしんがく》についても研究した。民間信仰の民俗研究も行った。京都大学、関西大学、仏教大学に勤務。

彼らがまた関西の各大学で教えることで民俗学研究者が登場した。同志社《どうししゃ》大学・仏教《ぶっきょう》大学・関西《かんさい》大学などで民俗学が研究された。関西の民俗学は、国史研究室にいて民俗学を学ぶことが一般的であった。そのため時代区分を重視し、また文字資料を活用して、歴史研究としての民俗学を標榜する研究者が多く輩出した。おのずと学風の東西の相違ができあがった。

各地の民俗学研究者

今日では、各地の民俗学研究の中核的な担い手は博物館や資料館の学芸員の人びとである。民俗学研究を支えているのは博物館・資料館である。このような状況が顕著になったのは一九八〇年代以降のことである。それまでは民俗学の研究は主として小学校や中学校の教員であった。博物館や資料館の学芸員は民俗資料の調査研究を職務としており、調査にでかけることもある程度制度的に保障されている。しかし、小・中学校の教員はあくまでも勤務のあいだを縫って調査を行い、研究をした。一人ひとりは孤立しており、不安定であった。その人びとを全国的に組織したのが民間伝承の会であり、その名称を変えた日

▼**平山敏治郎**　一九一三～二〇〇七。民俗学者・歴史学者。日本中世・近世社会史の研究者でもあるが、民俗学の方法論について、歴史研究としての性格を強調した。大阪市立大学、成城大学に勤務。

▼**竹田聴洲**　一九一六～八〇年。民俗学者。仏教民俗の研究を展開。寺院組織、寺檀関係の民俗を研究した。また、常民は民の常の意味であると主張した。同志社大学、仏教大学に勤務。

▼**高取正男**　一九二六～八一年。日本古代史学者・民俗学者。民間信仰を中心とした民俗を歴史学のなかで論じる幅広い研究を展開した。京都女子大学に勤務。

▼**五来重**　一九〇八～九三年。宗教民俗学者。仏教を排除した柳田国男の民俗学に対して、仏教を組み込み、仏教との関係で民俗を理解する研究を展開した。高野山大学、大谷大学に勤務。

本民俗学会であった。彼らは「中央」の学会に参加するとともに、それぞれの地方でも小さな学会を組織した。

日本の民俗学研究の特色は、日本各地に多くの研究者団体があり、独自の活動を展開したことである。その指導者には個性豊かな人びとがいた。新潟県では小林存《こばやしながろう》▲、石川県では医者の長岡博男《ながおかひろお》▲、同じく医者であった大阪の沢田四郎作《さわだしろうさく》▲などはとくに有名であるが、その他にも各県にそれぞれ活躍した人物がいた。彼らが、柳田国男を中心とした日本全体の研究体制と相似形の秩序を県単位で組織していた。アカデミック民俗学の形成は、これらの各地民俗学研究団体の力を急速に弱めた。柳田国男の死去が「中央」の統制を弱めたが、それと相前後して各地の長老もこの世を去り、研究団体も弱体化した。

一九八〇年代以降は民俗学も大学と博物館によって担われるアカデミックな学問となった。

▼**小林存**　一八七七〜一九六一年。新潟県の民俗学研究者。『新潟新聞』の主筆をつとめ、一九三五(昭和十)年に研究雑誌『高志路《こしじ》』を創刊し、また三五年に開催された第一回日本民俗学講習会に参加し、本格的に民俗研究を開始した。

▼**長岡博男**　一九〇七〜七〇年。石川県の民俗学研究者。医師。石川県の民俗学研究を開拓し、組織した。また眼科医という専門をいかし、眼鏡の収集と研究を行った。

▼**沢田四郎作**　一八九九〜一九七一年。大阪府の民俗学研究者。医師。早くから柳田国男に師事し、大阪に戻ってからは地域の研究者を糾合して大阪民俗談話会を組織し、その運営にあたる。

●──写真所蔵・提供者一覧(敬称略，五十音順)

秋田市辻家(原本所蔵)・須藤功(撮影)　　p. 12, 21上・下
大館市立中央図書館　　p. 11
『嶋』1934年前期号(柳田国男・比嘉春潮編)　　p. 92
徳島県立鳥居記念博物館　　p. 26
文藝春秋　　p. 73
『柳田国男写真集』(岩崎美術社)　　p. 45, 63, 88
『山中共古ノート』3 (青燈社)　　p. 36

宮本常一先生追悼文集編輯委員会編『宮本常一——同時代の証言—』日本観光文化研究所, 1981年
柳田国男『海上の道』(ちくま文庫版『柳田国男全集』第 1 巻) 筑摩書房, 1989年
柳田国男『遠野物語』(ちくま文庫版『柳田国男全集』第 4 巻) 筑摩書房, 1989年
柳田国男『郷土生活の研究法』(ちくま文庫版『柳田国男全集』第28巻) 筑摩書房, 1990年
柳田国男研究会編『柳田国男伝』三一書房, 1988年
八幡一郎「鳥居龍蔵」『日本民俗文化大系』第 9 巻, 講談社, 1978年
横浜市歴史博物館・神奈川大学日本常民文化研究所編『屋根裏の博物館』横浜市歴史博物館, 2002年

瀬川清子『村の女たち』未来社, 1970年
瀬川清子『若者と娘をめぐる民俗』未来社, 1972年
瀬川清子・植松明石編『日本民俗学のエッセンス』増補版, ぺりかん社, 1994年
田口昌樹『菅江真澄』(民俗選書)秋田文化出版社, 1988年
田畑久夫『民族学者鳥居龍蔵』古今書院, 1997年
鶴見太郎『柳田国男とその弟子たち』人文書院, 1998年
鶴見太郎『民俗学の熱き日々』(中公新書)中央公論社, 2004年
寺田和夫『日本の人類学』(角川文庫)角川書店, 1981年
鳥居龍蔵『ある老学徒の手記』朝日新聞社, 1953年
中込睦子『草創期民俗学における女性民俗学研究者の研究史的位置づけ』(科研報告書)2006年
中薗英助『鳥居龍蔵伝』岩波書店, 1995年
西村亨『折口信夫事典』大修館書店, 1988年
野村純一・三浦佑之・宮田登・吉川祐子編『柳田國男事典』勉誠出版, 1998年
広瀬千香『山中共古ノート』1～3, 青燈社, 1973～75年
福田アジオ『日本民俗学方法序説』弘文堂, 1984年
福田アジオ「柳田国男の敗北—折口信夫の依代論をめぐって—」『コンステラツィオーン』284号, 1993年
福田アジオ編『日本の民俗学者』(神奈川大学評論ブックレット)御茶の水書房, 2002年
福田アジオ『柳田国男の民俗学』(歴史文化セレクション)吉川弘文館, 2007年
福田アジオ『日本の民俗学・「野」の学問の二〇〇年』吉川弘文館, 2009年
藤井隆至『柳田国男　経世済民の学』名古屋大学出版会, 1995年
船木裕『柳田国男外伝』日本エディタースクール出版部, 1991年
牧田茂『柳田国男』(中公新書)中央公論社, 1972年
宮本常一『河内国滝畑左近熊太翁旧事談』(アチックミューゼアム彙報23)アチックミューゼアム, 1937年
宮本常一『民俗学への道』(宮本常一著作集1)未来社, 1968年
宮本常一『忘れられた日本人』(宮本常一著作集10)未来社, 1971年
宮本常一『民俗学の旅』文藝春秋, 1978年
宮本常一『忘れられた日本人』(岩波文庫)岩波書店, 1984年

●──参考文献

綾部恒雄編『文化人類学群像』3〈日本編〉アカデミア出版会, 1988年
池田弥三郎『折口信夫』(日本民俗文化大系第２巻)講談社, 1978年
石井正己『遠野物語の誕生』(ちくま学芸文庫)筑摩書房, 2005年
井出幸男「『土佐源氏』の成立」『柳田国男・民俗の記述』(柳田国男研究年報３)岩田書院, 2000年
井出幸男「資料紹介『土佐乞食のいろざんげ』」『柳田国男・民俗の記述』(柳田国男研究年報３)岩田書院, 2000年
岩田重則「宮本常一の現代性」『未来』491号, 2007年
内田武志『菅江真澄の旅と日記』未来社, 1970年
内田武志・宮本常一編『菅江真澄全集』第１巻, 未来社, 1971年
遠州常民文化談話会編『山中共古　見付次第／共古日録抄』パピルス, 2000年
大藤時彦『日本民俗学史話』三一書房, 1990年
折口信夫『折口信夫全集』第２巻, 中央公論社, 1975年
折口博士記念古代研究所編『折口信夫手帖』折口博士記念古代研究所, 1987年
菊池勇夫『菅江真澄』(人物叢書)吉川弘文館, 2007年
木村哲也『「忘れられた日本人」の舞台を旅する』河出書房新社, 2006年
倉石あつ子「瀬川清子」福田アジオ編『日本の民俗学者』御茶の水書房, 2002年
國學院大學折口博士記念古代学研究所・小川直之編『折口信夫・釈超空』おうふう, 2005年
佐野真一『旅する巨人―宮本常一と渋沢敬三―』文藝春秋, 1996年
佐野真一『宮本常一が見た日本』日本放送出版協会, 2001年
佐野真一『宮本常一のまなざし』みずのわ出版, 2003年
女性民俗学研究会編『軌跡と変容―瀬川清子の足あとを追う―』女性民俗学研究会, 1986年
菅江真澄研究会編『菅江真澄のことども』菅江真澄研究会, 1992年
杉本仁・井出幸男・永池健二「下元サカエ媼聞き書」『柳田国男・民俗の記述』(柳田国男研究年報３)岩田書院, 2000年
瀬川清子『海女記』三国書房, 1942年
瀬川清子『海女』未来社, 1970年

日本史リブレット94

日本民俗学《にほんみんぞくがく》の開拓者《かいたくしゃ》たち

2009年8月25日　1版1刷　発行
2025年2月25日　1版4刷　発行

著者：福田《ふくた》アジオ

発行者：野澤武史

発行所：株式会社 山川出版社

〒101−0047　東京都千代田区内神田1−13−13
電話 03(3293)8131(営業)
03(3293)8135(編集)
https://www.yamakawa.co.jp/

印刷所：信毎書籍印刷株式会社

製本所：株式会社 ブロケード

装幀：菊地信義

ISBN 978-4-634-54706-3

・造本には十分注意しておりますが，万一，乱丁・落丁本などが
ございましたら，小社営業部宛にお送り下さい。
送料小社負担にてお取替えいたします。
・定価はカバーに表示してあります。

日本史リブレット　第Ⅰ期［68巻］・第Ⅱ期［33巻］　全101巻

1 旧石器時代の社会と文化
2 縄文の豊かさと限界
3 弥生の村
4 古墳とその時代
5 大王と地方豪族
6 藤原京の形成
7 古代都市平城京の世界
8 古代の地方官衙と社会
9 漢字文化の成り立ちと展開
10 平安京の暮らしと行政
11 蝦夷の地と古代国家
12 受領と地方社会
13 出雲国風土記と古代遺跡
14 東アジア世界と古代の日本
15 地下から出土した文字
16 古代・中世の女性と仏教
17 古代寺院の成立と展開
18 都市平泉の遺産
19 中世に国家はあったか
20 中世の家と性
21 武家の古都、鎌倉
22 中世の天皇観
23 環境歴史学とはなにか
24 武士と荘園支配
25 中世のみちと都市
26 戦国時代、村と町のかたち
27 破産者たちの中世
28 境界をまたぐ人びと
29 石造物が語る中世職能集団
30 中世の日記の世界
31 板碑と石塔の祈り
32 中世の神と仏
33 中世社会と現代
34 秀吉の朝鮮侵略
35 町屋と町並み
36 江戸幕府と朝廷
37 キリシタン禁制と民衆の宗教
38 慶安の触書は出されたか
39 近世村人のライフサイクル
40 都市大坂と非人
41 対馬からみた日朝関係
42 琉球の王権とグスク
43 琉球と日本・中国
44 描かれた近世都市
45 武家奉公人と労働社会
46 天文方と陰陽道
47 海の道、川の道
48 近世の三大改革
49 八州廻りと博徒
50 アイヌ民族の軌跡
51 錦絵を読む
52 草山の語る近世
53 21世紀の「江戸」
54 近代歌謡の軌跡
55 日本近代漫画の誕生
56 海を渡った日本人
57 近代日本とアイヌ社会
58 スポーツと政治
59 近代化の旗手、鉄道
60 情報化と国家・企業
61 民衆宗教と国家神道
62 日本社会保険の成立
63 歴史としての環境問題
64 近代日本の海外学術調査
65 戦争と知識人
66 現代日本と沖縄
67 新安保体制下の日米関係
68 戦後補償から考える日本とアジア
69 遺跡からみた古代の駅家
70 古代の日本と加耶
71 飛鳥の宮と寺
72 古代東国の石碑
73 律令制とはなにか
74 正倉院宝物の世界
75 日宋貿易と「硫黄の道」
76 荘園絵図が語る古代・中世
77 対馬と海峡の中世史
78 中世の書物と学問
79 史料としての猫絵
80 寺社と芸能の中世
81 一揆の世界と法
82 戦国時代の天皇
83 日本史のなかの戦国時代
84 兵と農の分離
85 江戸時代のお触れ
86 江戸時代の神社
87 大名屋敷と江戸遺跡
88 近世商人と市場
89 近世鉱山をささえた人びと
90 「資源繁殖の時代」と日本の漁業
91 江戸の浄瑠璃文化
92 江戸時代の老いと看取り
93 近世の淀川治水
94 日本民俗学の開拓者たち
95 軍用地と都市・民衆
96 感染症の近代史
97 陵墓と文化財の近代
98 徳富蘇峰と大日本言論報国会
99 労働力動員と強制連行
100 科学技術政策
101 占領・復興期の日米関係